· 智慧供应链创新管理系列 ·

智能仓储物流、配送精细化管理实务

柳 荣◎著

人民邮电出版社

北京

图书在版编目（CIP）数据

智能仓储物流、配送精细化管理实务 / 柳荣著. --
北京：人民邮电出版社，2020.8
（智慧供应链创新管理系列）
ISBN 978-7-115-54163-5

Ⅰ．①智… Ⅱ．①柳… Ⅲ．①智能技术－应用－物流
管理－仓库管理②智能技术－应用－物资配送－物资管理
Ⅳ．①F253②F252.2

中国版本图书馆CIP数据核字(2020)第094447号

内 容 提 要

人工智能的快速发展使企业迎来了以自动化、信息化和网络化为主要特征的智能仓储、物流和配送时代。很多企业，特别是连锁企业，对智能仓储、物流、配送的要求很高，因此，打造强大的仓储、物流、配送供应链体系至关重要。

本书紧密结合仓储物流行业的发展状况，根据企业对新型仓储、物流、配送的需求，从智能仓储、智能物流、智能配送等角度，全面讲述了新零售模式下的连锁企业的供应链策略。本书中融入了诸多经典、落地的案例，在案例分析中讲述了实用、易学的方法与技巧，适合企业管理者、生产型企业一线从业者、零售电商从业者、创业者等学习参考。

◆ 著　　　　柳　荣
责任编辑　李士振
责任印制　周昇亮

◆ 人民邮电出版社出版发行　　北京市丰台区成寿寺路 11 号
邮编　100164　电子邮件　315@ptpress.com.cn
网址　https://www.ptpress.com.cn
北京七彩京通数码快印有限公司印刷

◆ 开本：720×960　1/16
印张：18.75　　　　　　　2020 年 8 月第 1 版
字数：298 千字　　　　　2025 年 7 月北京第 16 次印刷

定价：69.80 元

读者服务热线：(010)81055296　印装质量热线：(010)81055316
反盗版热线：(010)81055315

前言

随着信息技术的不断发展，我们逐渐进入智能时代。信息技术与供应链管理的结合越来越紧密，信息的传递速度不断加快，沟通的成本不断降低，更多的"黑科技"也相继涌现。

在这样的时代背景下，面对更加清晰的供应链运营，仓储、物流、配送效率的提升也成为供应链管理的核心课题。

虽然"黑科技"让很多人眼花缭乱，但企业管理者应当明确，技术只是手段，手段能否发挥作用，取决于企业的管理方式。

大量的研究与实践发现，精细化管理已经成为智能时代供应链管理的必然趋势。这是因为，只有对仓储、物流及配送的每一个环节进行精细化管理，各种智能化手段才能发挥应有的效用。

精细化管理不仅是一种管理模式，更是一种理念、一种文化。它在常规管理的基础上将管理进一步深化，让各个岗位的职责更加具体、明确，让每一位管理者尽职、尽责。

企业需要通过精细化管理提高管理效率，智能时代的到来正好为企业的精细化管理提供了技术支撑，如智能化的作业设备、自动化的管理体系以及信息化的决策中心。

然而，应如何将信息技术与供应链管理结合运用，从而实现管理的规范性和创新性的有机结合，进而将企业引向新时代的成功呢？

本书正是基于这一出发点，将仓储、物流、配送管理的对象逐一分解，使每一项工作内容都看得见、说得准，再将智能化、信息化技术和理念嵌入其中，从而帮助企业实现智能时代的精细化管理，最终确保企业能够健康、稳定地发展，并在智能时代的竞争中立于不败之地。

为了将抽象的战略、决策转化为具体的、明确的管理措施，本书引入大量图表，通过环环相扣的分解与分析，细化企业管理单元、明确管理目标、改进管理方式，使精细化管理的内容更加清晰和明确，也让企业智能仓储、物流、配送的精细化管理能够高效、准确地落实。

编者

目录

第 1 章 智能时代的库存、物流与仓储

第 2 章　智能时代的库存管理策略及方法

第 3 章　智能时代的物流运营与管理策略及方法

第 4 章 智能时代的仓储管理策略及方法

第 5 章　智能时代的智能配送与供应链管理

第 6 章　商品采购计划与供应商选择精细化落地

第 1 章
智能时代的库存、物流与仓储

在"中国制造 2025"的战略背景下，人工智能正在加速走入现实，走进工厂、走进生产线、走进生产系统……随着智能时代的到来，供应链之间的竞争逐渐转变为智能能力的竞争——上游愈发智能化、下游愈发信息化，而处于中间环节的库存、物流与仓储，也必然需要变革！

1.1　库存、物流与仓储的价值与地位

每每谈及供应链管理，库存、物流与仓储都是必不可少的内容，但这些内容却很难成为核心关注点。供应链管理似乎更加关注如何在上游的生产环节削减成本，如何在下游的销售环节增加利润。

供应链是以客户需求为导向，以提高质量和效率为目标，以整合资源为手段，实现产品设计、原材料采购、生产、销售及服务全过程高效协同的组织形态。

立足于全过程的高效协同，库存、物流与仓储在供应链中的价值与地位就显得非常重要。

1.1.1　供应链中库存的地位和价值

长期以来，库存都被看作供应链管理必须"消灭"的对象，因而产生了各种以实现"零库存"为目的的库存管理策略。

然而，由于产品具有多样性、结构差异性的特点，以及生产环节难以准确、及时地完成各自的任务，在不确定供应、不确定需求、不确定生产的情况下，库存就不可能为零。

当库存无法为零时，如何有效控制库存就成为供应链管理的重要课题。

所谓库存，就是指原材料、半成品、成品、零件、工具及办公用品等的储存量。库存存在于供应链的各个环节，如图 1.1-1 所示。

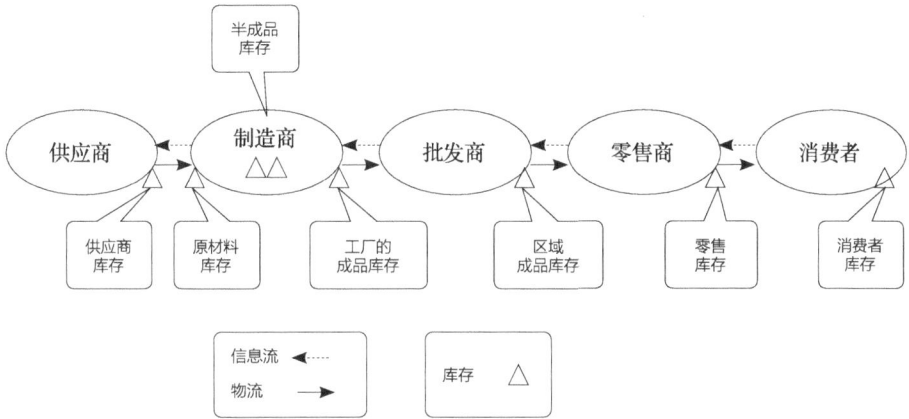

图 1.1-1　供应链中的库存

1. 库存产生的原因

在供应链运作的过程中，库存是为了持续生产或销售而储备的物资，如生产企业的原材料库存、半成品库存，或销售企业的商品库存等。具体而言，库存产生的原因主要有 8 类。

（1）淡季储备库存，以供应旺季需求。

（2）维持产量，稳定员工就业。

（3）预备安全存量，用于预防不确定性因素和订购前置时间（Lead Time）下物料无法到厂导致的停产。

（4）为获取大批量采购的价格折扣。

（5）为达到经济订购量的需求。

（6）满足客户随时取货的需求。

（7）设计或工程变更造成的呆滞库存。

（8）因投机而增加的库存。

由库存的产生原因可见，库存是一把"双刃剑"。如安全存量确保了生产和销售的持续稳定；设计或工程变更造成的呆滞库存，则会造成价值损失；因投机而增加的库存，可能创造巨大价值，也可能造成呆滞库存。

2. 库存控制不当导致的损失

为保证生产经营过程的持续稳定，企业必须有计划、有目的地控制库存。如果库存失去控制，供应链也将因为库存控制不当而面临各种损失。

（1）库存过剩的损失。

如果企业为了获取价格折扣而进行大量采购或预判失误，则会导致库存过剩，而库存过剩导致的损失主要有 3 点。

① 因库存周转慢而积压大量资金。

② 因存放时间过长，库存变旧、折损或变质，成为废料、废品。

③ 成品过时导致成品库存成为呆货或成品设计变更导致原材料库存成为呆料。

（2）库存短缺导致的损失。

如果企业盲目追逐"零库存"，以规避库存过剩导致的损失，则可能面临库存短缺导致的损失。

① 生产线或生产设备停工、待料导致的损失。

② 缺货、延迟交货而造成销货损失、客户不满。

③ 缺货、延迟交货而造成客户流失的损失。

3. 库存在供应链中的地位和价值

库存控制是供应链物料管理的核心，涉及供应链管理的成本及流畅度。无论是库存过剩，还是库存短缺，都对供应链管理具有重大影响。

在供应链管理中，位于各个节点的企业都需要储备库存。库存的种类和数量十分繁多，且在流动资产中占据相当大的比例，因此，供应链的库存控制水平直接关系到供应链的资金占用水平和资产运作效率，也反映了供应链的收益、风险、流动性的综合水平，会在一定程度上影响供应链的发展和前景。

库存控制的意义就在于，以最佳方式控制原材料、半成品、成品、零件、工具及办公用品的库存种类和库存数量，一方面配合企业内各项生产需要，另一方面使产品的物料成本保持最低。

供应链库存管理强调各节点企业的长期合作，借助有效的协作，建立合理的供应链库存管理机制，以保持整个供应链库存管理系统的稳定、健康运行，避免各节点企业因机会主义而损害整个系统的整体利益。

1.1.2 供应链中物流的地位和价值

现代管理学之父彼得·德鲁克曾说"物流是企业第三方利润源"。物流已经进入供应链管理的战略管理领域，企业必须学会从传统的流通过程中发掘新利润源的蓝海。

随着企业之间的竞争转变为供应链之间的竞争，供应链管理就必须做好反应能力和盈利能力之间的平衡。这是因为，反应能力越强的供应链，越能够快速、准确地满足客户需求，进而获取市场优势。与此同时，每一种能增强反应能力的战略，都必将导致成本的增加，进而降低盈利能力。

当供应链的竞争优势被简化为反应优势和成本优势时，其主要影响因素也就显而易见了，如库存、运输、设施和信息等，从广义来看，这些因素都包含在供应链物流的概念之中。

供应链物流，是以物流活动为核心，协调供应领域的生产和进货计划、销售领域的客户服务和订货处理业务，以及财务领域的库存控制等活动。因此，在物流成本的核算中，库存成本、仓储费用等，其实都已经被囊括其中。广义物流成本的构成如图 1.1-2 所示。

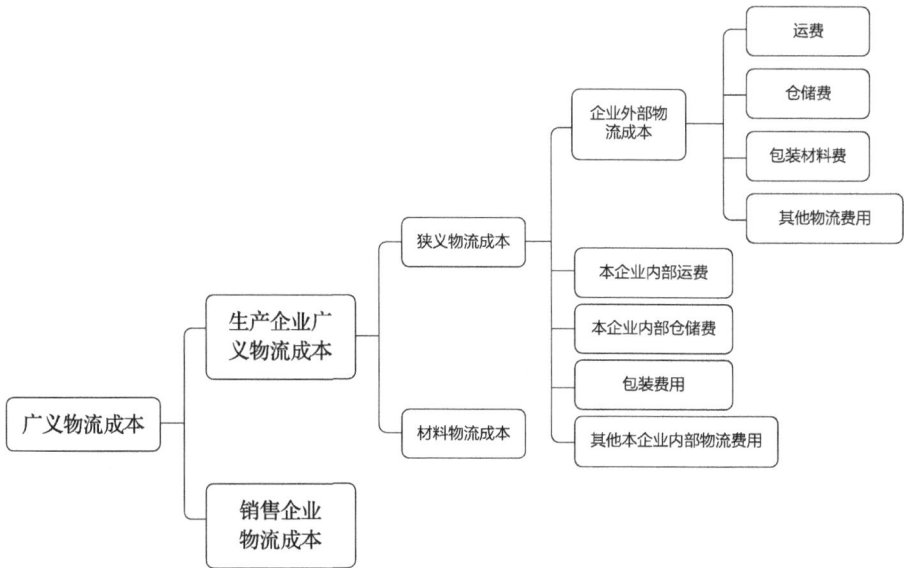

图 1.1-2　广义物流成本的构成

物流在供应链中的地位正在不断上升。随着新零售时代的到来，当现代商业开始注重"随时、随地、随意"的消费理念时，供应链物流也迎来了重大变革，成为新零售模式发展的支撑力量，甚至成为供应链运营的主导力量。

1. 物流的价值变革

物流的基础在于商流。物流系统的功能在商品的规模流通以及工业化的进程中逐渐形成。

然而，在工业化初期到中期的较长时期内，生产规模相对较小，有限的商品种类和狭窄的商流渠道，使得物流的基本功能局限于简单的运输和仓储，其核心只是为了实现商流的物体形态的转移。

在供应链的视角下，物流的功能开始变革。物流的价值不再局限于传统的商品转运，而拥有了优化渠道、创造价值的功能。

（1）强化物流能力。

随着商流规模的日趋扩大以及渠道体系的持续扩张，物流规模也处于不断增长的过程中。基于日趋完善的物流设施和革新升级的物流技术，尤其是伴随着新物流的发展，物流行业已经能够充分实现基本的商流转移功能。因而，物流行业在转运之外，也可完成分拣、包装等诸多工作。

（2）提升物流效能。

当今的市场竞争环境和市场需求对物流行业提出了更高的需求。物流行业不仅需要完成基本转运工作，更需要通过科学的分拣工作、合理的包装工作，真正实现物流效能的提升和渠道流程的优化，为供应链管理创造价值。

2. 物流的地位

传统物流的核心功能，仍然停留于基本的运输、仓储环节，如运输、保管、装卸等。

显而易见，上述环节都是所谓的"体力活"。在新物流框架下，这些"体力活"正在被机器完成，尤其是各类机器人的开发，更是极大地提升了物流搬运、装卸的效率和安全性。

很多从业者将新物流看作物流行业"被机器取代"的征兆，事实上，新物流也为物流行业带来了产业链变革的机会，物流企业完全可以向产业链上下游延伸、扩张，如采购、分销、维修以及产业园、旅游等。

3. 物流的产业布局

从早期来看，物流产业的布局核心一般是制造中心城市或商贸中心城市——这些城市拥有更多的物流集散需求。基于这些城市的商流辐射，物流通道和渠道网络体系也逐渐形成。

一直以来，物流产业的布局和分布都呈现出被动性的特征。但在新零售时代，随着物流发展环境的整体变化，在国民经济的发展中，物流产业的支撑性和先导性作用越发凸显，这也为物流产业的空间变革创造了机遇，具体体现在以下5个方面。

（1）向下沉淀。

传统物流产业的空间布局一直聚焦于城市，而在新零售渠道下沉的过程中，新物流产业应当发挥支撑性的作用，从城市向农村扩张，不断向下沉淀，建立起县、乡、村三级物流体系，将农村物流作为物流产业布局的重要方向。

（2）向外扩张。

在"一带一路"倡议的推动下，推进国际物流产业空间布局，也成为我国物流业的重要战略。我国物流业必须精心设计在全球建设"海外仓"及配送体系的方案，并与国际物流渠道相连通，以适应跨境电商、跨境分销、跨境贸易的发展需求。

（3）深入探索。

物流产业在向外部扩张的同时，也要关注对现有物流体系的深入探索。如生产制造业内部或社区生活内部，尤其是在电商正蓬勃发展的情况下，以时效为重心的快递物流应能够支撑制造业和服务业的发展。

（4）体系建立。

无论是向下沉淀、向外扩张，还是深入探索，事实上都是物流业体系的建立。基于各种物流基础设施，各个物流网点必将串联在一起，由点到线再到面，在空间上整合在一起。只有如此，物流产业才能真正建立起布局合理、运行高效的现代物流体系，释放新物流的最大效能。

（5）层次梳理。

新零售的根源在于多样化的客户需求，而这也将催生更加多元的经济模式。对此，物流产业也要进行层次梳理，建立多层次的物流体系，如图1.1-3所示，以服务不同的经济模式。

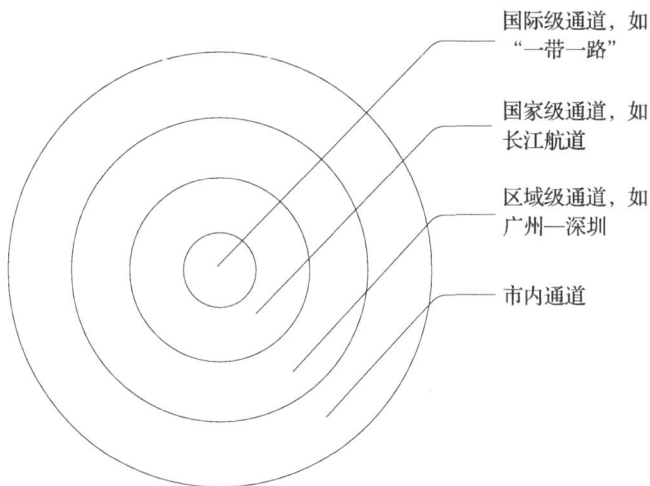

图 1.1-3　多层次物流体系

1.1.3　供应链中仓储的地位和价值

在讨论供应链中仓储的地位和价值之前，企业首先要明确库存和仓储的区别。不能区分库存和仓储是诸多企业在供应链管理过程中走进误区的重要原因。

简单来说，库存管理的核心在于货物的管理，如货物数量、时间、属性等，主要涉及采购、财务等部门；而仓储管理的核心则在于仓库的管理，如建仓、出入库、盘点等，主要由仓储部门管理。

随着时代的发展，在当今的供应链管理中，仓储业不再局限于传统的"仓库"或"仓库管理"，而是成为供应链管理的重要战略节点。

因此，近年来的供应链"黑科技"频繁出现在仓储领域。

例如，京东于 2018 年首次曝光了其无人仓，该无人仓位于上海嘉定，占地面积达 4 万平方米，也是京东在全国范围内唯一的全自动化仓库，其每日处理数量可达到 20 万件。

京东的无人仓主要包含 3 个区域，即入库、分拣、打包区域，仓储区域和出库区域。在整个无人仓中，除了少数人员负责运维、优化等工作外，传统的仓储流水线都已经借助机器人实现了无人化。

京东的无人仓共包含10多种机器人，如六轴机器人、自动导引车（AGV）、自动供包机器人等。在上千个机器人的协同运作下，京东的无人仓的效率也达到传统仓库效率的10倍！

京东在仓储方面的巨大投入和显著成效，展现了供应链中仓储的地位和价值。尤其是随着当代仓储集约化、专业化、开放化的发展，仓储对供应链4R［Relevance（关联）、Reaction（反应）、Relationship（关系）和Reward（回报）］管理的促进作用也愈发明显。

具体而言，在供应链中仓储主要扮演着4个中心的角色。

1. 库存控制中心

库存是供应链运营的主要成本来源，而要管理库存、减少库存，就需要将其与仓储结合考量，形成库存控制中心，从而在供应链框架下对库存进行有效控制，实现总成本的降低。

2. 调度中心

仓储是供应链运营网络的重要节点，因此，仓储的选址布局与运作效率，直接关系到供应链的快速反应能力，在供应链中仓储必须扮演起调度中心的角色，不断提高精确度、及时性和灵活性，以满足客户需求。

3. 增值服务中心

现代仓储的价值不只是储存本身，在制造业的延迟策略下，供应链仓储业也提供后期组装、包装、打码、客户服务等增值服务，以增强供应链弹性，并提高客户满意度。

4. 技术应用中心

在供应链一体化的管理进程中，各项现代管理技术和科技手段的应用必不可少。正如京东的无人仓一样，作为管理系统与硬件设施的综合体，人工智能、射频识别（RFID）、物联网等先进技术手段也开始广泛应用在仓储之中。

1.2　库存与供应链 OTEP 盈利模型

基于 OTEP 模型的库存与供应链运营规则与逻辑是什么？包含哪些模式与要素呢？

企业的任何经营活动都应为实现战略目标而服务，从而增强企业可持续竞争力与盈利能力。库存与供应链的逻辑同样如此。

从外部粗略的环节来看，采购与供应为生产制造服务，而生产制造则为市场服务。因此，当"采购—生产—库存—销售"连成一环后，再加入计划环节，整个供应链才能为企业竞争战略服务。

要实现降本增效、可持续盈利的目的，企业可以从库存与供应链的逻辑开始，而库存与供应链 OTEP 盈利模型是一个非常不错的着手点。

1.2.1　采购与供应链 OTEP 盈利模型

增强企业竞争力的关键在于全局化的设计，企业不应被局部优化迷惑。

采购与供应链 OTEP 盈利模型是一个现代企业采购与供应链管理全局系统方案模型，它是基于企业竞争战略，从企业整体优化出发，基于企业的组织（Organization，O）、思维（Thinking，T）、操守（Ethics，E）、绩效（Performace，P）四个维度建设采购与供应管理体系的先进运营模型。笔者也给国内企业做过 OTEP 模型，帮助企业提升盈利系统竞争力和采购与供应链运营团队的关键技能水平，推动企业采购与供应链的健康可持续发展，也为我国企业的发展注入知识和技能动力。

OTEP 模型能从战略到策略，解码企业竞争、转化、传承的秘密，帮助企业获得从策略到实践的落地执行方案。通过企业战略解码，构筑企业组织流程、企业文化与思维、团队职业化以及绩效导向，将企业竞争力转化到体系、人员与工作的维度落地，再通过绩效执行，对照企业竞争战略进行反馈与优化，最终实现企业竞争战略与实践的可持续优化管理闭环。图 1.2-1 为 OTEP 实践模型。

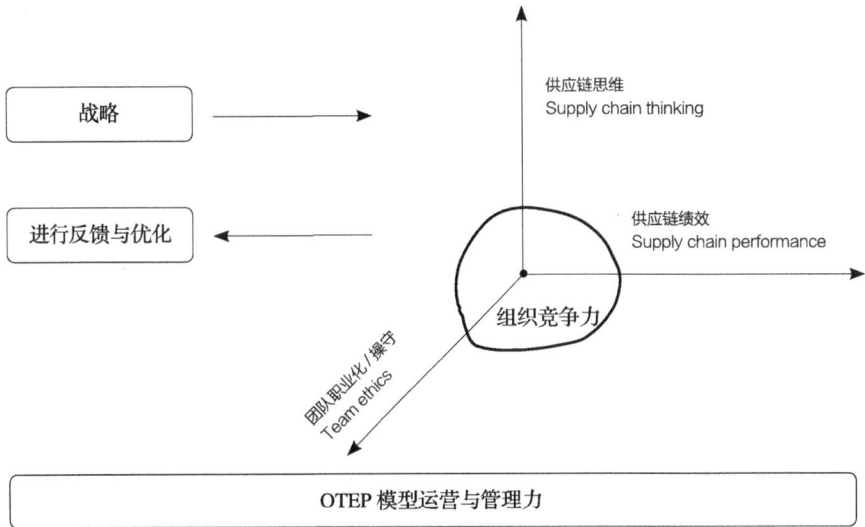

图 1.2-1　OTEP 实践模型

战略是企业运营的根本与方向，企业的一切经营活动与行为都是为了实现企业战略计划与实践。战略是企业基于竞争环境与资源优势的综合的结果，它反映了企业未来的愿景与方向，是企业资源经营的出发点与终结点。在 OTEP 模型中，通过市场需求对产品的"种类 – 数量"属性进行分析，以确定企业的竞争优势和战略。

（1）组织。为实现企业竞争战略，需要什么样的组织来支撑？什么样的组织形态与架构能够有效理解并满足客户需求？什么样的组织流程能够实现战略意图？有效的激励机制是什么？如何提升组织的竞争力，并降低运营成本和风险？

（2）思维。在企业的战略架构与价值策略下，如何有效理解企业目标与客户需求，并建立统一的思维与系统观念（包括企业文化）。

（3）操守。要使战略能够被有效执行，员工必须有哪些职业化需求，什么时候需要什么样的人来执行企业战略等。这里的职业化操守包括人对工作的认识、个人性格、心态、意识和价值观等方面的内容。职业化人士应该具有的职业素养包括忠诚、专业、勤奋、公平、诚信、正直、敬业、积极等。

（4）绩效。绩效是战略实现的发动机，不同的战略绩效差异巨大，因此需要设置战略落地的绩效体系。企业需要明确支撑企业竞争战略的关键业务有哪些、绩效指标有哪些。特别需要指出的是，一千个企业有一千个差异化的绩效方案，即使是相同的行业，绩效方案也不可能完全相同，因为不同企业的战略不同。

战略是 OTEP 模型终结点，也是出发点。在模型设计中，组织、思维、操守和绩效都是用于支撑企业战略的。在运营与管理中，可将经营的结果与战略目标进行对比，把对比的结果作为优化与改善的依据。

1.2.2 企业竞争战略类型

企业竞争战略有多种表达方式，其核心却只有一个，即"活下来，赚钱，发展下去"。因此，也有人根据企业的发展阶段将战略分为生存战略、发展战略、转型战略等；也有人认为战略需要有取舍，舍弃无关的关注点，以盈利为导向。想要实现"活下来，赚钱，发展下去"的目标，企业必须有充分的价值竞争优势。

接下来，就 OTEP 模型的企业运营与实践的整体思路做系统性介绍。

在着手运营库存、物流之前，企业领导者必须扪心自问：我的企业凭什么赚钱、竞争优势何在？

笔者在《采购与供应链管理》（柳荣著，人民邮电出版社）一书中指出：从现实中看，企业构建竞争优势的方式主要有四种，表 1.2-1 是对各类型企业的竞争优势进行的归纳。

表 1.2-1　各类型企业的竞争优势归纳

竞争优势	代表企业
技术创新	苹果
客户体验	IMAX 电影、奔驰
产品质量	雷克萨斯
成本领先	小米

随着互联网与新技术的应用，很多有识之士领导的企业开始表现出差异化的战略竞争势头，这就值得认真思考：企业当前与未来的竞争战略是什么？是否有必要改变自己的竞争战略？

从我国普遍现状来看，由于工业化进程开始的时间相对比较晚，众多行业的基础相对薄弱，面对全球化竞争的巨大压力，在技术研发能力、生产工艺能力、管理能力相对较弱的情况下，国内大多数企业采用"杀伤力"强的第四种竞争优势——成本领先。从国内目前的消费状态来看，这也符合成本敏感型阶段的特点。

确定好竞争战略，才能准确地思考如何开展战略协同与传承。只有这样，企业才能集中资源与力量获取最大绩效。因此，由企业的竞争战略能推导出供应链战略，而供应链战略决定制造、服务与采购、物流战略等。

企业竞争战略逻辑结构如图 1.2-2 所示。

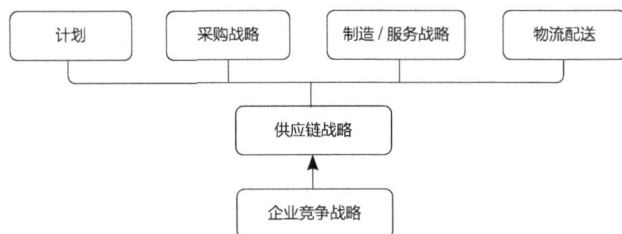

图 1.2-2　企业竞争战略逻辑结构

从图 1.2-2 可以看出，企业竞争战略分解出供应链战略，而供应链战略支持企业竞争战略，因此，自上而下地理解供应链需从企业竞争战略开始。

这也是笔者帮助企业构建基于 OTEP 模型的精益供应链的起点。

1.2.3　OTEP 模型基于企业竞争战略的四大供应链逻辑分解

为了让企业管理者能设计并有效实施精益供应链，此刻我们引入完整的 OTEP 模型的逻辑架构进行解释。

当然，企业竞争战略的梳理方案有很多种，但从企业角度根据产品进行梳理更有利于识别战略方向并构建企业的供应链。

为了解释与对比，在 OTEP 模型中，需结合市场需求绘制产品的"种类 - 数量"二维坐标系来分析与确立竞争战略，并将技术创新、客户体验、成本领先和产品质量归于不同的象限。图 1.2-3 为 OTEP 四象限图（由于图形层层外扩，该圆也被称为 OTEP 模型雷达图）。

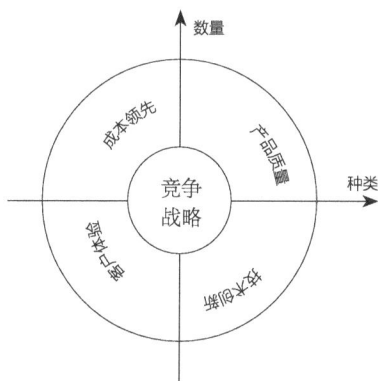

图 1.2-3　OTEP 模型雷达图

结合图 1.2-3 的内容可看出，企业应依据自身提供的产品与服务的市场需求状况构建 OTEP 模型雷达图，从而确认适合自身参与竞争的战略立足点与方向。找到战略立足点后，可以进一步以表格的形式说明不同竞争战略的区别。

企业确定竞争战略之后，需有对应的供应链运营方式来支持。供应链运营方式与商业模式的价值近似，主要在于有效梳理并确定制造或服务模式、订单处理模式与采购模式，体现企业竞争战略的全盘逻辑。

表 1.2-2 为不同竞争战略的区别。

表 1.2-2　不同竞争战略的区别

象限	产品种类需求	产品数量需求	竞争战略
第一象限	大	大	产品质量战略
第二象限	小	大	成本领先战略
第三现象	小	小	客户体验战略
第四象限	大	小	技术创新战略

综合分析表 1.2-2 可知，企业应根据产品种类与数量需求的不同对应关系选择适合自身的竞争战略，根据不同的企业竞争战略导出不同的供应链管理方案。图 1.2-4 为供应链 OTEP 模型雷达图。

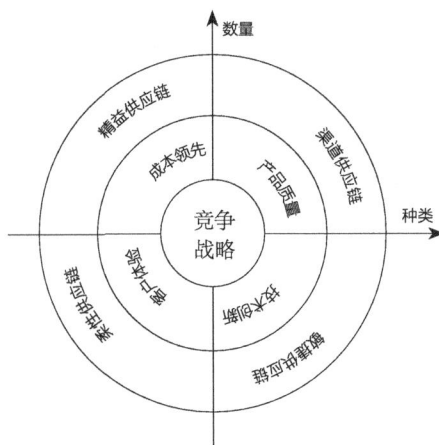

图 1.2-4　供应链 OTEP 模型雷达图

结合图 1.2-4 的供应链 OTEP 模型雷达图，可继续以如表 1.2-3 的形式展现不同竞争战略下的供应链。

表 1.2-3　不同竞争战略下的供应链

象限	产品种类需求	产品数量需求	竞争战略	供应链类型
第一象限	大	大	产品质量战略	渠道供应链

续表

象限	产品种类需求	产品数量需求	竞争战略	供应链类型
第二象限	小	大	成本领先战略	精益供应链
第三现象	小	小	客户体验战略	柔性供应链
第四象限	大	小	技术创新战略	敏捷供应链

企业可根据市场对产品种类和产品数量的需求，推断并选择适合自身的竞争战略，以便有效参与市场竞争。在此过程中，企业可以选择四种不同的供应链支持竞争战略。

1. 渠道供应链

市场对产品数量和产品种类的需求大，企业的供应链管理就需要庞大的团队来对质量、交期、服务、成本等要素进行管控。由于产品线丰富、管理成本高且效果并不理想，所以很多企业将有共性的产品交给渠道商管理，以节约成本、提高效率。如大型国际连锁超市的产品品种多、数量也大，其往往会将某些产品委托给渠道商采购。这些产品一般为标准化的功能型产品，如矿泉水、牛奶等。

因为产品需求量大，而且为功能型产品，所以渠道供应链应以产品质量为竞争战略，方可长久、可持续发展。

2. 精益供应链

市场对产品数量的需求大、对产品种类的需求小，市场同质化竞争通常比较激烈，最后只能通过价格决定胜负。这种市场竞争下的供应链强调低总成本，即通过精益供应链的运营来降低成本。如丰田汽车、传统家电产品。

我国现在的市场竞争激烈，大多数企业在价格上进行竞争，因此如何构建精益供应链以提升企业竞争力，对企业，乃至国家至关重要。

本书就提供了基于精益供应链构建、运营、落地的完整方案，笔者也期望本书能给我国企业的精益化供应链实施贡献微薄力量。

3. 柔性供应链

企业产品数量少、种类也少，进行市场竞争时通常采用个性化定制商业模式。由于需求的个性化，通常需供应链以柔性方式响应，如高端品定制行业。

4. 敏捷供应链

企业产品数量很少、种类很多，通常使用大规模定制、模块化生产。该模式供应链强调个性化与快速响应。如戴尔电脑。

在供应链的分类中，渠道供应链与精益供应链比较偏向于功能型产品，故称之为功能型供应链，常见于日常生活中的产品，如汽车、电视机、桌子、毛巾等；柔性供应链与敏捷供应链比较偏向于快速反应类产品，故称之为快反型供应链，常见于生命周期短的产品，如快消电子产品、化妆品、时尚品等。

随着市场需求的变化，不少企业为满足市场需求，正在由功能型供应链向快反型供应链转化，如服装行业。

正如前文所述，目前我国大多数企业在生产运营实践中，产品种类多、数量少、库存成本高、市场竞争激烈、价格关注度高是企业经营者面对的不争的事实。鉴于此，大多数企业必须花大量的时间与精力在优化管理与降本增效方面。

1.2.4　OTEP 模型基于四大采购战略与供应链逻辑分解

企业为进一步明确自身的竞争战略，需要从自身仓储、物流的特点入手去理解 OTEP 模型。

为了让大家清楚 OTEP 模型的战略链接逻辑，我们继续将四种供应链同时分解，主要是为了让读者能理解其中的思路，如图 1.2-5 所示。

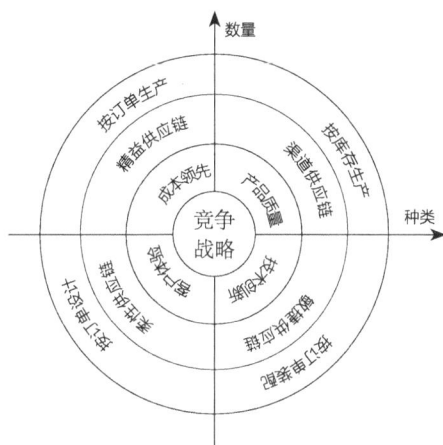

图 1.2-5   不同的供应链对应的生产、服务方式

根据图 1.2-5 可以看出，不同的供应链运营方案需要匹配不同的生产、服务方式来支持，即供应链不同，仓储、物流方式也有所不同。表 1.2-4 展现了供应链竞争要素的对比。

表 1.2-4   供应链竞争要素的对比

象限	产品种类需求	产品数量需求	竞争战略	供应链类型	生产、服务方式
第一象限	大	大	产品质量战略	渠道供应链	按库存生产
第二象限	小	大	成本领先战略	精益供应链	按订单生产
第三现象	小	小	客户体验战略	柔性供应链	按订单设计
第四象限	大	小	技术创新战略	敏捷供应链	按订单装配

在此基础上，将供应链竞争优势及供应链相结合，并不断细化，将影响公司的库存物流方案，最终也决定公司的采购方案，即可得到如图 1.2-6 所示的采购与供应链竞争模型。

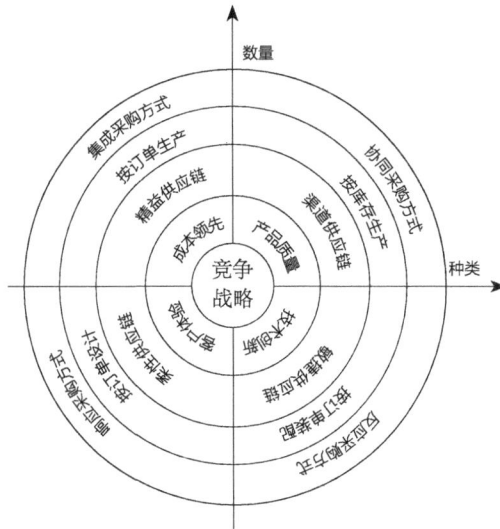

图 1.2-6 采购与供应链竞争模型

通过品类分析来决定企业的竞争战略,再通过供应链战略推导企业的四种采购战略。不同的企业竞争战略须有不同的供应链战略、生产制造战略、库存物流战略以及采购战略来支撑。这样,每种采购战略就有各自的采购思维、团队要求、采购策略、绩效要求、供应商管理、成本管控方案与合作方式。为详细对比,表 1.2-5 列出了采购与供应链竞争模型的对比。

表 1.2-5 采购与供应链竞争模型的对比

象限	产品种类需求	产品数量需求	竞争战略	供应链类型	生产、服务方式	采购战略
第一象限	大	大	产品质量战略	渠道供应链	按库存生产	协同采购
第二象限	小	大	成本领先战略	精益供应链	按订单生产	集成采购
第三现象	小	小	客户体验战略	柔性供应链	按订单设计	响应采购
第四象限	大	小	技术创新战略	敏捷供应链	按订单装配	反应采购

因此,在 OTEP 模型中,特别强调战略与战术对接,工具与方法协调。如果企业的上层战略无法与下层技术对接,不但改善不了企业的整体竞争力,

而且还会损耗企业战略资源。

战略需要取舍，需要有所为，有所不为。只有明确了这一点，企业才能在了解市场产品种类和数量的需求特点之后，正确看待库存。

因此笔者在做供应链咨询项目时，不仅会考虑工具、方法等"术"的改善，还会考虑战略系统"道"的视野，只有这样，才能持续改善与提升企业的绩效。

1.3　现代智能库存、物流与仓储的发展趋势

基于库存、物流与仓储的价值和地位，供应链管理就必然需要将其作为供应链升级的内生动力，重视走向现代智能的这"三驾马车"。任何企业想要顺应智能时代的发展、构建核心竞争力，都需要掌握"三驾马车"的走向，即现代智能库存、物流与仓储的发展趋势。

1.3.1　智能化

信息技术的快速发展使人们的生活越来越智能，曾经只存在于科幻电影中的场景，正在走进现实。从消费市场倒推上去，则是整个供应链的智能化，其中库存、物流与仓储的智能化趋势不容忽视。

现代库存、物流与仓储的业务处理，需要在短时间内对成千上万件货物进行采购、入库、出库、运输、分拣及配送，这些工作仅靠人力难免力有未及。事实上，当下的各种快捷消费体验，正是源自智能化的发展。

例如，2017 年"天猫购物节"期间，天猫首单的物流完成时间只有短短的 12 分钟；而在 2018 年，这一时间则缩短为 8 分钟。这在以往是不可能实现的，但如今却已经成为现实，其背后正是智慧供应链在支持。

如今，京东已经建成全流程无人仓。该无人仓从入库、仓储，到包装、

分拣的各个环节均能实现无人化和智能化运作。

快递行业广泛采用的电子面单，则能够实现数据在各环节的串联，从而确保运转环节的可视化和可控化。

现代库存、物流与仓储正在加速走向智能化。然而，在智能技术的不断发展中，智能化的定义仍然不明确，供应链的智能化通常表现为各种智能技术的应用，但在各类实践的背后，却蕴含 3 个层面的内容，智能化趋势如图 1.3-1 所示。

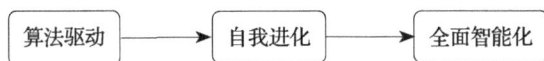

```
┌──────────┐      ┌──────────┐      ┌────────────┐
│  算法驱动  │ ───▶ │  自我进化  │ ───▶ │  全面智能化  │
└──────────┘      └──────────┘      └────────────┘
```

图 1.3-1　智能化趋势

1. 算法驱动

传统的供应链管理大多通过决策者的大脑进行运算，而在海量数据的采集和应用下，供应链开始运用算法驱动业务，如智能采购决策、智能车货匹配和智能仓储等，从而提升效率、改善质量、获取更大的市场空间。

2. 自我进化

与传统的信息化管理相比，智能化管理的一个突出特征就是自我进化。在人工智能、深度学习技术的支撑下，无人机、无人车等智慧系统完全可以实现自我进化，而无须人工干预。

3. 全面智能化

智能化并不只是针对管理系统或设施、设备，而是供应链各环节的全面智能化。小到 RFID 标签，大到工业机器人，都能够实现智能化，以帮助智慧系统快速了解商品。这也是京东全流程无人仓的技术基础。

1.3.2　自动化

自动化是指机器设备、系统，或生产、管理过程在无人或较少数量的人参与的情况下，按照既定需求，借助自动检测、信息分析、操作控制等手段，自动实现预期目标。

近年来，机器人等人工智能技术正在被广泛应用到库存、物流与仓储领域，以实现库存、物流与仓储的自动化操作。而在实践过程中，自动化也是提升供应链运营效率的重要手段，有利于实现成本的削减。

例如，某消费品企业发现，通过自动执行并优化运输管理，其准时交货率可以提高 2%，而成本却只有传统运输外包的 46%。

某供应链企业最初尝试将 24% 的规划任务交由机器人流程自动化（RPA）系统自动执行，但在实践过程中，借助 RPA 和机器学习模式的智能统筹，该系统却完成了 44% 的规划任务的自动执行。

但在当下，无人化或少人化操作仍然归属于"黑科技"。很多企业在投入大量成本进行自动化革新之后，却发现其效率与预期严重不符。这是因为，要发挥自动化的效率优势，就必须进行供应链流程优化与整合的工作，并在流程优化与整合中，借助自动化技术的应用，进一步提升流程的效率。

具体而言，自动化趋势可以分解为 3 步，如图 1.3-2 所示。

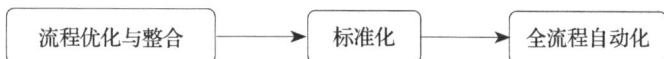

流程优化与整合　→　标准化　→　全流程自动化

图 1.3-2　自动化趋势

1. 流程优化与整合

自动化的实现基础是畅通的供应链流程，如果流程过于复杂或需要过多人员临时决策，则必然难以实现自动化。

与此同时，在供应链的各个节点之间，如果其业务流程相互孤立，同样会影响自动化的发展。

因此，首先要对库存、物流与仓储等各个流程进行优化与整合，确保整个供应链流程能够连贯、顺畅。

2. 标准化

标准化是流程优化与整合的进一步发展形式，库存、物流与仓储领域较强的操作性对标准化提出了更大的挑战，即如何为纷繁复杂的操作、管理制定标准？如何在不损害创新活力的前提下实现标准化？

为此，智慧供应链的标准化必然是一个自下而上的过程。每个企业、每个供应链都可以根据自身实际制定标准，再以企业或联盟企业之间的标准为基础，逐渐形成统一的行业标准，进而确立为国家标准。

在这样的过程中，任何标准的落实，对智慧供应链的发展都具有重大意义。

3. 全流程自动化

自动化涉及接触、学习、推理和执行等 4 个层面的内容，其核心就是执行。在全流程的自动化过程中，系统通过数字化方式自动选择最佳的行动方案，并由系统、机器人自动执行。

例如，准时达将物流过程切割为多段操作，并为每一段操作设计可能的仓储解决方案，借助无人小车等机器人技术，最终将所有的执行方案串联在一起，实现自动化运作。

在这样的切割与自动化的过程中，准时达将整个流程从 25 步大幅简化为 5 步，并提前做好了预测和方案设计。

1.3.3 信息化

近年来，越来越多的企业走上智能化的发展道路。然而，任何一家大中型生产、物流企业，其人员规模都有近千人，企业往往需要在全国各地设置仓储或配送网点，每年订单处理量达到百万级。要做好人员、网点和订单的管理，信息化就是必要手段。

事实上，在智能化和自动化的进程中，信息化是关键的基础。如果企业信息化程度不足，智能化和自动化也就无从谈起。

随着信息技术的不断革新，信息化的过程也并非是确定的，不同企业的信息化呈现出不同的特征。

但无论如何，在实施信息化的过程中，企业必须理解信息化的本质。信息化是指经济、社会等各方面被信息技术改造的过程，其目的是实现信息共享，让人与资源的价值得到充分发挥。

在这一原则下，信息化就可以理解为：借助信息技术，改造供应链流程、企业运营乃至产业协作模式；通过信息共享，实现资源的优化配置、产业的高效运作。

1. 信息技术的革新

在传统的信息技术系统中，信息化的基础仍是服务器／客户机架构（C/S架构），通过安装数据包的方式，实现本地化服务的优化，如各类电脑软件、手机应用程序。

如今，浏览器／服务器架构（B/S架构）已经成为领先企业进行信息化的共同选择，该架构最大的特征就是云服务。通过大数据和云计算，可实现企业之间的合作与共享，增强互联互通的便捷性。

与此同时，在区块链等新兴技术的普及下，信息技术仍然处于不断革新当中，企业需要根据自身需求进行选择。

2. 构建信息系统

信息化的发展离不开信息系统的构建。但在这一过程中，企业必须要明确，核心并不在于信息系统的技术架构，而是服务对象。

在一条完整的供应链中，必然存在多个信息系统，而不同信息系统的设计目的，在于为其服务对象提供价值。无论多么强大的信息系统，如果不能为服务对象带来价值，甚至没有可以服务的对象，那它都没有意义。

只有确定服务对象及其需求之后，企业才能着手构建信息系统，信息系统的构建流程如图 1.3-3 所示。

图 1.3-3　信息系统的构建流程

例如，针对以下这些服务对象，可以从不同的角度构建符合需求的信息系统。

（1）下游经销商：主要为其优化服务体验，如自助查询服务等。

（2）从业人员如司机、客服等：主要为其提供工作便利。

（3）企业运营：主要为其提供数据支撑，优化管理手段。

（4）宏观经济：主要用于采集行业信息。

3. 信息互联互通

信息化推进的基础是信息的互联互通。只有依托信息的采集和应用，才能通过智能化为库存、物流与仓储活动进行有效指导，提升供应链效率，并最终实现降本增效的目标。

因此，企业在推进信息化时，必须尽可能地应用信息采集、传输和处理手段，以获取更加真实、完整的基础信息。

从供应链效率的提升方面来看，信息的互联互通主要涉及两个层面。

（1）完成订单。物流活动的效率首先体现在订单的完成效率上，即在规定的时间内完成订单货物的仓储、运输、配送服务。

（2）流程优化。物流活动本身同样需要成本，信息化也需要应用到流程优化当中，以打通物流单据、节点和人员等环节。

1.3.4　集成化

过去，由于市场竞争的不充分，世界上曾经出现过许多"超级霸主级"的企业，这些企业获取了整个供应链，乃至整个市场的绝大部分利润。但在如今的市场竞争下，已经不可能出现"全盘通吃"的大赢家。

面对多变的市场环境和海量的个性需求，任何只顾自身利益的企业，都会被市场淘汰。只有实现价值共赢，才能提升整条供应链的竞争力，而供应链上的每个环节，也都将因此受益。

在这样的市场背景下，集成化也成为现代供应链的必然发展趋势。与此同时，在降本增效的要求下，集成化也是智能化、自动化、信息化的必然结果。

1.　建立协同关系

集成化的发展关键是协同关系的建立，供应链中的每个企业都需要对其供应链功能进行革新，摆脱传统的"孤岛"模式，转而通过内外协同、内部整合，建立供应链一体化的协同关系。供应链协同关系如图 1.3-4 所示。

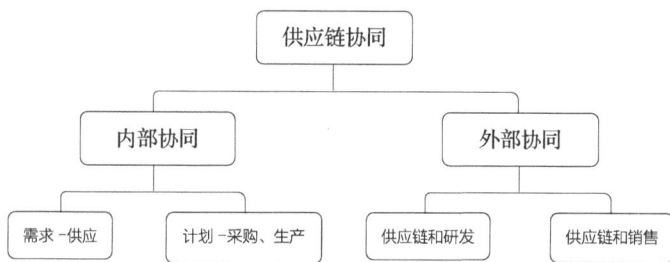

图 1.3-4　供应链协同关系

2.　形成优化机制

在供应链协同的过程中，无论是生产、销售，还是库存、物流与仓储，都应当形成优化机制，通过优化与升级，不断提升供应链竞争力。

（1）产品设计优化。

一方面，企业要听取合作商的建议，针对产品进一步优化设计；另一方面，企业也要将自身的需求明确告知合作商，协助其进行改善，使合作商的产品、服务能符合企业要求。

（2）包装优化。

企业与合作商应当针对包装进行优化，在利用包装保证产品数量和品质的同时，提高装卸效率、降低物流成本。

此外，如合作商提供的产品极具营销价值，则应在最终产品包装上做出明显标识，以此吸引客户注意。

（3）质量改善。

对于企业针对合作商制定的质量绩效报告，企业可将之完整地交给合作商，让合作商看到哪些环节存在质量问题，从而进行有效改善。

同时，企业也应当听取合作商的意见，对设计本身进行适当调整，进一步提升产品品质。

（4）物流与仓储优化。

对进行大批量生产的企业来说，必须与合作商共同制订物流和存储的计划，尽可能避免物料大量堆积、无法顺利交货的情形。

设计科学的物流与存储模式，不仅能够大大提升供应链效率，而且能够让合作商的仓储压力大为减小，这样双方都能获利。

（5）程序优化。

企业应当提前确认与合作商的对接程序，避免因双方程序的不同导致问题始终不能得到有效传递，绩效始终不能得到改善。

例如，问题如何提交、多久获得答复、何时进行打款等。明确这些程序问题，会大大提升供应链互动交流、业务开展的效率，从整体上改善系统运转的效率。

（6）生产工艺优化。

企业还应与合作商进行充分、及时的沟通，尤其是关于生产工艺的发展新趋势。企业应了解合作商是否有工艺优化的计划，确认并分析新工艺的市场前景，从而制定企业生产工艺的优化策略。

1.4 如何应对智能时代的物流与供应需求

在现代智能库存、物流与仓储的新趋势下，供应链的智能化、自动化、信息化及集成化都需要在各节点之间建立有效的协同关系。而在这样的协同运作中，物流与供应需求的重要性也进一步提升，物流环节甚至在诸多供应链运营流程中发挥着主导性作用。

对此，各行各业都应当顺应智能时代的发展趋势，掌握有效应对物流与供应需求的方法。

1.4.1 构建自己的智能物流体系

在日趋激烈的市场竞争中，企业落后一步就可能丧失所有优势，因为客户会"用脚投票"，投入竞争对手的怀抱。

供应链运营必须能够跟上市场的发展，更重要的是能够应对客户需求的变化。这就需要整个供应链具有响应实时需求的能力，并要求整个供应链能够像一款软件、一套系统那样更加智能地快速迭代。

一个高效的供应链系统，必定能够利用数据精准洞察需求的变化，引导供应链企业快速、准确地制订计划和进行决策，并及时调整生产节奏、控制库存平衡。

面对供应链提升响应能力的需求，构建智能物流体系是一条行之有效的路径。

1. 构建智能物流体系的核心

构建智能物流体系的核心，在于对现代智能技术的深度应用。在人机一体化的过程中，将物流体系与智能制造平台、虚拟技术、企业现代管理技术等高度融合起来，即"一化三融合"。智能物流体系的"一化三融合"如图1.4-1所示。

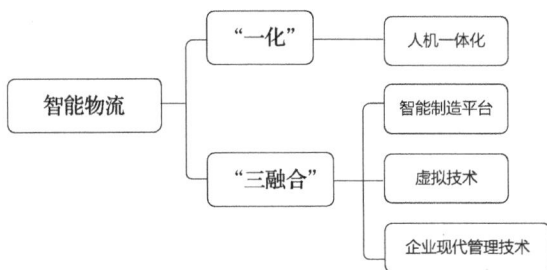

图 1.4-1　智能物流体系的"一化三融合"

构建智能物流体系，主要从两个层面着手。

（1）"一化"。

"一化"即人机一体化，是指以数字化和云平台为依托，智能物流系统未来将更强调智能，通过机器辅助人、人辅助机器实现人机合一。

系统本身将具有更复杂的思维，不仅可无人值守，更可提前预警、发现并自动解决问题。人作为终极管理者，更多的是参与机器赋能和战略实施。

（2）"三融合"。

"三融合"主要从平台、技术和管理 3 个角度出发。

① 与企业智能制造平台更好地融合。现阶段，智能物流体系还只是一个区域性和部分过程的智能体系，未来企业在完成智能制造体系和平台搭建的过程中，将实现与市场、研发、设计、技术、工艺、质量、运营和售后服务过程的融合与对接，帮助企业实现横向和纵向集成、搭建从生产流程自动化向智能化转变的桥梁。最终实现数字化、信息化、网络化、绿色、高效、柔性的生产模式。

② 与虚拟技术等新一代信息技术融合。在未来，企业和客户随时可以在虚拟工厂查看订单执行情况，包括物流配送、产品品质、过程质量以及存在的问题；还可以根据自己的需要定制相关配件和产品，智能物流系统可以满足客户的特殊需求，并保证按期、高品质交付。

③ 与企业现代管理技术融合。构建智能物流体系的终极目标是建立"一体三翼"的智能制造管理矩阵，在工业数字化智能平台上，构建智能管理、

智能运营、智能产品 3 大"机翼",以提高生产效率、降低运营成本、增强核心竞争力。

2. 智能物流系统方案

基于"一化三融合",在设计具体的智能物流系统方案时,企业可以从以下 10 个角度出发。

(1)精益物流 MES(Manufacturing Execution System,制造执行系统)。

精益物流 MES 根据企业实际情况,利用最先进的管理理念,帮助企业实现自动化。该系统在计划分解与安排、执行与反馈、业务、流程分析、实时监控、异常控制、电子看板展示、信息传递等方面均有体现;对生产排产及进度、现场设备、物料库存与跟踪、工艺与质量控制、数据采集与分析等都会实时把控。

(2)精益制造 MES。

精益制造 MES 采用新的控制理念,以操作者关键工艺动作为控制抓手,控制产品制造过程,同时实现对制造过程中用到的物料、资源等的控制,并且设定动作、物料、资源三者时间的相互关系以达到相互校验的目的,确保工艺设计的准确性。该系统可实现人机交互、智能判断和识别、智能防错、监控与检测、数据可追溯、异常管理、生产任务下达、执行过程控制、变更管理、异常反馈等功能,同时该系统连接底层关键设备,可实现关键数据的写入及读取。

(3)微库、智能物流平台、AGV(Automated Guided Vehicle,自动导引运输车、移动机器人)。

微库以自动立体货柜为主,结合相应的软件控制系统,对物料入库、储存、分拣全程实现系统控制的智能化,实现"物料找人、系统给人下指令",以避免人为的拣选错误,适用于多品种标准件的仓储及选配。

智能物流平台(SLP)。应用企业资源计划(ERP)系统、精益物流 MES,建立智能物流平台,可解决多任务与多执行的综合调度问题。

与此同时，通过系统与 AGV 之间的任务下达、信息反馈，完成自动化物流流水线配送。

（4）智能料箱。

智能料箱的规格是根据仓储物料种类定制的，力求做到用最小空间存放最多的物料，适用于作业现场的物料备用仓储，检修场地的偶换件储备。

（5）智能工具箱。

智能工具箱采用 RFID 技术，为每个工具嵌入电子标签。其系统会记录所有的使用时间、使用人、使用频次、工具是否齐全成套、检验周期等信息，且这些信息可与 MES 对接、适用性强。

（6）智能仓储管理。

智能仓储管理指根据工位制的要求在仓储库区推行物料按工位仓储的模式。物料入库之后，货架按照生产工位建立模拟工位，将每个项目的物料存储按照车间对应的用料工位摆放，提高拣选效率，减少差错。同时物料上架和拣选都由同一人负责，职责明确。

（7）循环取货。

企业可采用循环取货的方式循环进行供应商取货和空箱配送。这有效地利用了运输资源，实现了共同配送，使运输车辆得到了高效使用。循环取货采取高频次方式，大大减少了低装载率的应急物流车辆，降低了成本。

（8）智能车库。

企业可运用互联网、智能传感器、信息传输系统、自动化设备（如 AGV）、自动充电设备，结合车库实际情况，实现占用最小空间、使用最低成本的车辆存取无人化管理及现代新型能源车辆自动充电的停车解决方案。

（9）工业网络安全。

通过实现信息网与控制网隔离，关键系统与非关键系统隔离；不同供应商的控制系统相互隔离，被病毒感染概率更高的工程师站和 APC（Advanced Process Control，先进过程控制）Server 单独隔离，以确保工业网络安全可靠。

（10）供应链协同平台。

通过信息化、网络化、协同化等手段打造一套高效的供应链信息管理平台，客户的所有需求信息、供应方的所有动作信息都在平台上统一体现。

1.4.2　如何成为供应链环节中的关键部分

随着信息时代的到来，摩尔定律和突变理论逐渐延伸至整个商业社会，在全球化竞争的环境下，无论是大型企业，还是中小型企业，都需要面对复杂多变的市场竞争环境。

此时，任何企业都不可能成为市场竞争中的"孤胆英雄"，企业既无法独自应对来自多环节的市场竞争，也难以快速响应市场需求。在新零售时代，市场考验的并非是企业自身的"手腕"，而是企业"打群架"的能力。

所谓"打群架"，就是企业与供应链上下游企业结成联盟，通过整合实现共赢。

在智能时代，重构供应链的意义在于打破传统供应链企业的边界，将供应链上的"孤岛"连为一体，结成完整的业务网络，以获取更快的响应速度、更准确的预判能力、更强的风险抵御能力，从而以最小成本在最大限度上满足客户需求。

正是在这一市场背景下，随着智慧供应链管理理念的发展，供应链组织的概念也应运而生。

供应链组织是供应链管理和精益供应链管理中的重要概念，其关键内涵是锚定企业核心业务在供应链中的位置。

当企业间竞争逐渐转变为供应链间竞争，企业就必须成长为供应链环节中的关键部分，以不断提升供应链竞争力。

1. 引导供应链流程重组

由于技术、市场、人员、管理等因素处于不断变化中，因此，供应链业务流程也并非一成不变的。要根据各项因素的变化进行判断和分析，并适时对供应链业务流程进行重组。

供应链业务流程的设计和重组，其实也是供应链价值增值的焦点环节。为了确保业务流程的先进性，并持续提升供应链运作效率，供应链管理就需要借助信息网络技术，深耕采购、物流、产品设计与开发、生产、配送与销售等各个环节。在这个过程中，供应链的每个成员都应当锚定企业核心业务在供应链中的位置，在竭力提升自身核心竞争力的同时，与其他成员建立协同合作机制，从而打破供应链业务流程中的壁垒，消除采购、研发、制造、销售等各环节的所有浪费活动，在全面的协调与改善中，为客户创造价值。

2. 凝聚供应链管理文化

基于供应链组织的概念，企业在对供应链业务流程进行协调和改善时，也不能仅仅关注业务、流程、机制的改善，还要注重凝聚供应链管理文化，并以此形成供应链的无形资产和竞争优势。

供应链企业的价值取向、素质和能力，乃至责任履行和形象展示，都直接关系到供应链业务运作的效果。因此，供应链组织必须明确自身的价值观、行为意向、激励等内容，并充分吸收参与企业的优秀文化，确保供应链管理文化与企业文化的协同性。

3. 打造供应链智慧系统

当今时代的供应链竞争，必然聚焦于智慧系统的设计与应用。因此，要成为供应链的关键环节，企业就要致力于打造供应链智慧系统，如 MES、仓库管理系统（WMS）等。

当然，智慧系统的应用和搭建同样需要投入大量成本，如果供应链各成员之间的智慧系统无法实现协同，投入的成本也无法发挥应有的效用。

因此，在智慧供应链的智能整合中，供应链各成员经过调研分析、协商合作，搭建起覆盖供应链全流程的智慧系统，让智慧系统真正能够提升供应链运作效率。

智慧系统的 6 个方面的特质，如图 1.4-2 所示。

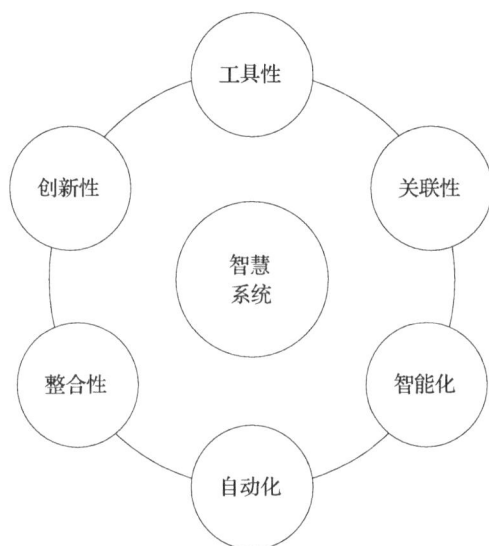

图 1.4-2　智慧系统的 6 个方面的特质

（1）工具性。管理所需的信息都由系统自动产生或由感知设备采集，如 RFID、Tag 标签等，借助这些信息采集和通信工具，智慧系统才能拥有完善的决策依据——数据。

（2）关联性。供应链内各成员企业，以及成员企业内各部门、系统、业务都应当处于高度关联中，从而形成相互关联、相互依存的智慧网络系统。

（3）智能化。让智慧系统参与甚至主导决策，从而优化决策过程、改善管理绩效。

（4）自动化。由自动化设备驱动业务流程，并取代低效率的其他手段，如人工操作等。

（5）整合性。支撑供应链各参与者的协同合作，如联合决策、信息共享等。

（6）创新性。在智慧系统的迭代升级中，推动供应链运营的创新发展，以满足供应链价值诉求。

1.4.3　如何高效、高质地使用第三方物流

随着京东物流等自建物流的相继拆分，第三方物流实际上已经成为供应链物流的主导模式，这是社会分工不断细化的必然结果。

第三方物流（Third-Party Logistics，3PL），又被称为外包物流或合同物流，它是指由物流劳务的供应方、需求方之外的第三方完成物流服务的运作方式。第三方物流是社会分工下物流专业化的一种表现形式，从其运作内容看，它不仅包括仓储、运输和电子数据交换（EDI），也包括订货与自动补货、选择运输工具、包装与贴标签、产品组配等。

第三方物流的范围包括任何一种物流服务的外部采购，如在交易的基础上对运输和仓储服务的传统采购、对非传统物流服务的购买行为等。但从严格意义来说，第三方物流是指多项物流活动的采购行为，是对多种或综合服务的采购，如计划、控制和实施过程的采购，这通常涉及长期业务关系。

第三方物流基本的价值增值来自管理信息和知识，尤其是EDI、信息系统、卫星通信等技术服务。因此，企业必须学会高效、高质地使用第三方物流。

1. 第三方物流的优势

第三方物流的优势有3个。

（1）低成本。借助第三方物流，企业可以减少物流方面的资源投入，在物流低成本运营的同时，规避经营风险，并专注于核心业务的提升。

（2）多选择。蓬勃发展的第三方物流行业，为企业带来了更多的选择，企业完全可以根据实际情况选择符合要求的第三方物流供应商，以提升物流效率。

（3）信任度。成熟的第三方物流公司拥有丰富的物流经验，也具有相当的市场知名度，可以帮助企业获取客户信任。

2. 第三方物流的劣势

第三方物流的劣势则有2个。

（1）难以控制。在第三方物流过程中，企业难以对商品流通过程进行充

分控制，甚至难以及时获取物流信息。

（2）运力不足。在节假日或"天猫购物节"等销售旺季，第三方物流往往也会出现运力不足的情况，造成订单积压，损害客户的消费体验。

3. 第三方物流关系管理

在第三方物流供应商管理中，企业必须重视供应商关系管理（SRM），从单纯的物流管理中挣脱出来，尝试与供应商建立和维持长久、紧密的伙伴关系，共同开拓市场，提升供应链价值。

在管理第三方物流时，有 2 个底线必须强调。

（1）物料安全。第三方物流必须确保物料安全，即将物料按质、按量地送达目的地，避免物料在第三方物流过程中出现损耗。

（2）服务稳定。第三方物流必须保证服务稳定，确保在任何时候都能按约提供物流服务，尤其要规避高峰期调度失序的情况。

4. 第三方物流绩效管理

在管理第三方物流时，绩效管理是基本的管理手段，也是推动第三方物流走向高效、高质的关键途径。

借助绩效管理，企业可以根据第三方物流的关键指标和企业需求，引导第三方物流企业不断改进，以符合供应链发展需求。

为了发挥绩效管理的效用，企业必须理解"适配"的概念，让绩效管理与企业物流战略，乃至供应链战略相适配。

如何理解"适配"的概念呢？

例如，在智能手机行业，手机上运行的系统有 Andriod、IOS、WP 等，对此，App 也需要分别给予适配，以确保 App 在每部手机上都有良好的表现。

第三方物流的绩效管理也同样如此。在企业的供应池中，有各不相同的多家供应商，有的供应商效率出色，有的供应商以成本制胜，有的供应商专注于质量……因此，面对不同的供应商，企业也应当制定不同的绩效管理方案，以实现适配，确保每个供应商的优势得到发挥。

　　企业很难找到在所有指标上都达到极致的供应商，但能够找到单项或几项指标达到极致的供应商。此时，企业要做的，并非是将每个供应商打造得尽善尽美，而是以绩效管理适配供应商，将供应商的优势发挥到极致。

　　只有当绩效管理与企业战略、供应链相协同，并与每家供应商相适配时，企业的绩效管理效果才能达到极致，才能发挥推动物流与供应走向高效、高质的作用。

1.4.4　连锁企业的供应链必须是智能而敏捷的

　　以 Zara 为代表的快时尚品牌正在快速抢占时尚服饰市场，Zara 的母公司 Inditex 甚至已经成为全球数一数二的服饰零售商。这样的快速成长离不开供应链的支持。

　　据统计，Zara 仅需 6 周的时间，就可以将存货单位（SKU）全部更新一遍；ASOS 自营产品的更新周期最短只需 2 周，其每周上新数量达到 4500 件；Missguided 则将产品更新周期缩短至 1 周以内，每月可上新 1000 件。

　　新零售时代驱使各类制造商生产的产品的款式不断增多，而单一 SKU 的数量又急剧缩减。需求碎片化造成了生产的碎片化，这又对供应链的灵活程度提出了更高的要求。

　　智能时代的供应链必须是智能而敏捷的，这在 Zara 等连锁企业表现得尤为明显。

1. 敏捷供应链

敏捷的供应链可以实现快速研发、生产，并确保及时配送。

以服装行业为例，传统供应链开发一个系列的产品可能需要 8~12 个月，其中，仅形成系列产品概念，就需要 2~5 个月；而数字化手段，则能够将整个研发周期缩短至 1 周。

2. 智慧供应链

智慧供应链可以实现供应链的随需而动，根据需求随时自由切换。

在渠道融合的背景下，各行各业都在走向全渠道经营。对于线上电商和线下门店，两者对供应链节奏的需求也有所区别。供应链应在各个环节进行智能调整，如样板审批流程、最低订货要求等。

智慧供应链与物流智慧化如图 1.4-3 所示，连锁企业在打造智能而敏捷的供应链时，需要从以下 5 个角度着手实现智慧化发展。

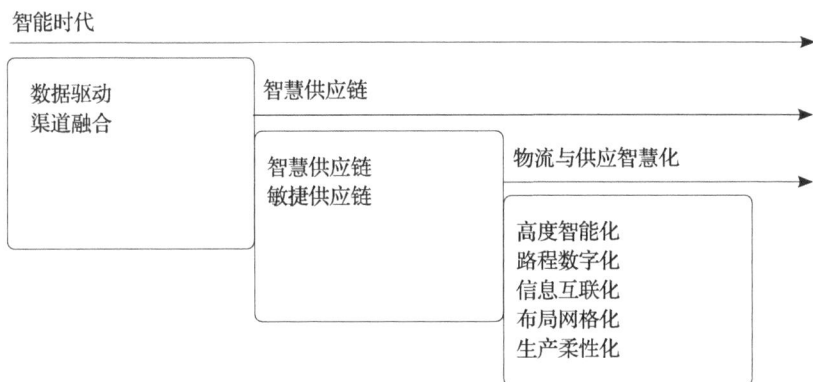

图 1.4-3 智慧供应链与物流智慧化

（1）高度智能化。

智能化是智慧供应链最显著的特征，也是对智能时代的供应链提出的全新要求。

需要明确的是，智能化并不等同于自动化，它不仅包括存储、输送、分拣等单一作业环节的自动化，还包含机器人、RFID 标签、MES、WMS 等智能化硬件与软件的应用。

基于先进的物联网技术、人工智能技术、计算机技术、信息技术，智慧供应链的整个流程都可以实现自动化与智能化，这也是智慧供应链有效融合的基础。

（2）流程数字化。

在智慧供应链的框架体系内，智能与敏捷被不断提及，而要实现智能与敏捷，就离不开对供应链全流程的实时控制，这就要求实现供应链全流程的数字化。

只有确保供应链内部的全部物流流程数字化，才能将供应链各环节智能地连接在一起，供应链的个性化、高端化、参与感和快速响应才有可能实现。

在这一过程中，大数据、云计算技术都将发挥基础性的作用，供应链应当重视相关技术的应用。

（3）信息互联化。

智慧供应链的一个核心是信息的有效、及时联通，因此，信息系统同样需要适应智慧供应链的需求。

① 系统互联。信息系统需要能够与更多的设备、系统相互兼容，如MES、WMS 等，从而保障供应链信息传递的流畅性。

② 信息透明。依托于互联网、大数据、云计算等技术，信息系统应确保信息的对内透明，以保证智慧供应链的正常运转。

③ 数据安全。信息时代也对数据安全提出了更高的要求，无论是库存、物流与仓储企业，还是供应链的其他环节，都要重视数据的安全和准确性。

（4）布局网络化。

借助物联网和互联网技术，当智慧供应链系统中各类设备智能地连接在一起时，就构成了一个全方位的网状结构，该网络中的每个节点都可以快速地进行信息交换和决策。

布局网络化的核心是供应链各环节中各类资源的无缝连接，确保从原材料采购直至产品交付整个环节的智能化。

（5）生产柔性化。

无论是在新零售方面，还是在智慧供应链方面，企业都面临着同一市场现状，即消费者需求的高度个性化。在"大规模定制"的市场环境下，生产柔性化愈发重要，而当产品创新持续加速、生产节奏不断提升，物流系统也将面临新的挑战。

供应链系统的智慧化，正体现在根据市场节奏的灵活调节，以提高效率、降低成本。

智慧供应链需要智能、敏捷的物流支撑。在智慧供应链的相关政策和人工智能等技术支持下，企业必须利用精细、动态、科学的管理方式，实现供应链的高度智能化、流程数字化、信息互联化、布局网络化和生产柔性化，主动谋求创新发展，为行业发展创造新机遇。

第 2 章
智能时代的库存管理策略及方法

随着市场竞争进入微利时代，面对运营资金超过，总成本 50% 的库存，企业必须将其作为第三方利润源进行挖掘。智能时代的到来为库存管理提供了新的管理策略及方法。

在完善的组织结构设计、规划管理、出入库管理、控制管理、绩效管理、6S 管理等措施的赋能下，智能仓库也将成为供应链竞争的重要支撑。

2.1 库存管理系统的组织结构与各岗位职责

库存的有效控制源自库存管理系统的协同运作。这要求企业要做好组织结构的设计，并明确每个岗位的职责。只有如此，库存管理系统才能在分工协作中发挥出应有的效用。

2.1.1 库存管理系统的组织结构

要想强化企业的库存管理系统，使之形成规范，企业就必须结合自身实际，设计出库存管理系统的组织结构，确保库存管理的各项工作有效进行。

1. 组织结构的设计原则

企业可以安排库存经理或其他专业人员负责库存管理系统组织结构的设计。在赋予相关人员责任的同时，企业还要明确组织结构的设计原则，尤其是其职责要求和目的。

（1）职责要求。

设计人员的职责要求主要有 4 点。

① 根据工作任务需要确立工作岗位的名称、层级及数量。

② 根据工作岗位确立岗位职务范围。

③ 根据工作性质确立岗位所需的设备、工具及应有的工作质量和效率。

④ 根据岗位目标明确岗位的对应责任。

（2）职责目的。

设计库存管理系统组织结构的目的主要有 6 点。

① 最大限度地实现人力资源的科学配置。

② 确立职责分工，防止出现职务重叠。

③ 建立激励机制，更好地发现和利用人才。

④ 形成组织考核的依据。

⑤ 提高工作效率和工作质量。

⑥ 减少违规行为和违规事故。

2. 常见的组织结构

根据设计思路的不同及企业的实际情况，各个企业的库存管理系统的组织结构也有所不同。

常见的组织结构可以分为两类，分别对应商贸型企业和生产型企业。

（1）商贸型企业。

由于商贸型企业的产品出入库较为频繁且需要严格的出入库核查，以避免出库产品与订单不符的情况，因此，其组织结构的设计根据商品的出入库流程主要分为 3 个部分，如图 2.1-1 所示。

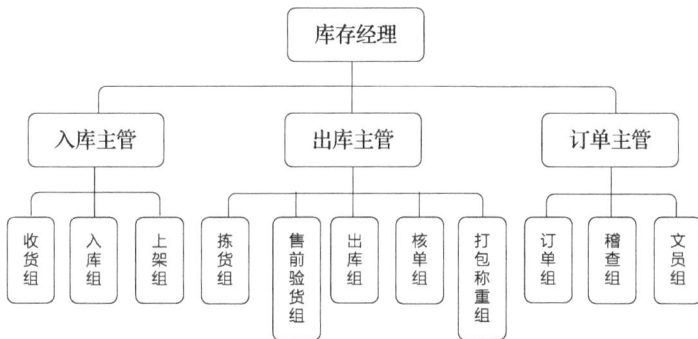

图 2.1-1　商贸型企业库存管理系统的组织结构

由图可以看出，该组织结构的前两部分分别对应库存管理的出入库环节，第三部分则负责订单管理、稽查以及其他文书工作。

（2）生产型企业。

由于生产型企业的存货涉及原材料、半成品与辅料、成品等多种货物，其用途区分明显，且涉及不同的储运工作，因此，其库存管理系统的组织结构的设计根据存货的类型主要分为 3 个部分，并设立独立的储运部门，如图 2.1-2 所示。

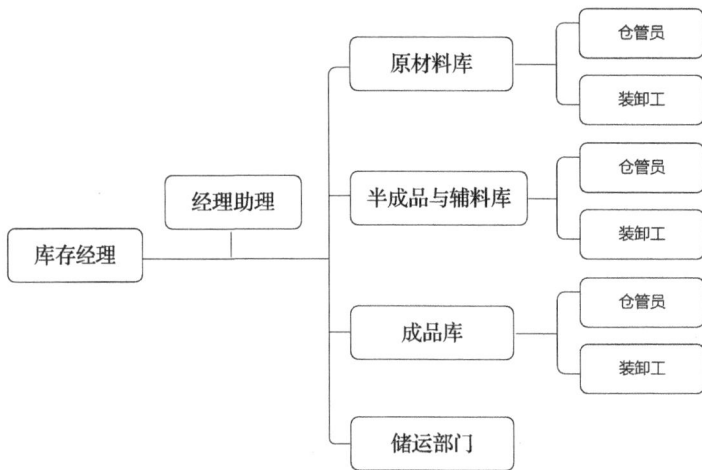

图 2.1-2　生产型企业库存管理系统的组织结构

值得一提的是，此类组织结构通常需要经理助理协助库存经理处理稽查、订单及其他文书工作。此外，在每种库存的仓库里，企业都要安排专门的仓管员和装卸工负责仓库的日常管理。

2.1.2　库存管理系统中各岗位职责

设计好库存管理系统的组织结构之后，企业还需确定每个岗位的工作职责，以确保库存管理能够在职责明确的前提下顺利地进行。

前文所述的两类组织结构中，各岗位的职责也有所区别。

1.　商贸型企业库存管理系统中各岗位的职责

该类型组织结构的各岗位职责分别如下。

（1）库存经理。

负责库存管理的整体运作，具体职责主要有 7 点。

① 负责整体库存管理工作的统筹与安排。

② 负责库存工作的规划与进度控制，并合理调配人力资源，使各项工作能够有效开展。

③ 负责与企业内外部各部门的沟通与协调。

④ 负责下属的技能培训和工作指导。

⑤ 负责库存安全与配送管理。

⑥ 负责处理突发性事件。

⑦ 负责企业安排的其他工作。

（2）入库主管。

主要负责处理收货入库的相关工作及人员安排，下辖收货组、入库组和上架组，这些组分别处理以下事务。

① 收货组。其主要负责对收到的货物进行验收，核对货物型号、数量等细项，对不符合要求的货物进行拒收。

② 入库组。其主要负责将验收完的货物入库，并录入企业 ERP 系统。

③ 上架组。其主要负责将录入 ERP 系统的货物摆放在货架的相应位置。

（3）出库主管。

主要负责处理出库过程中的相关工作及人员安排，下辖拣货组、售前验货组、出库组、核单组、打包称重组，这些组分别处理以下事务。

① 拣货组。其主要负责根据订单组的拣货单进行拣货，拣货单上需注上拣货员的编号。

② 售前验货组。其主要负责对拣货员所拣货物进行检验，尤其是质量、数量等要素。

③ 出库组。其主要负责将验完的货物在 ERP 系统中进行出库操作，如有缺货则要做好备注。

④ 核单组。其主要负责对出库货物的拣货单号和寄送单号进行核对。

⑤ 打包称重组。其主要负责按照寄送要求对产品进行打包和称重。

（4）订单主管。

主要负责处理库存管理的订单、稽查工作以及其他文书工作，是库存管理系统的后勤和监控环节，下辖订单组、稽查组和文员组，这些组分别处理以下事务。

①订单组。其主要负责按照库存及客服提供的订单信息打印销售单、拣货单、快递单等。

②稽查组。其主要负责对库存管理各环节进行监控，并负责库存盘点工作，如发现错误，要及时上报并纠正。

③文员组。其主要负责库存管理日常报表的统计汇总，以及日常文件的分类管理和交接。

2. 生产型企业库存管理系统中各岗位的职责

在该类型的组织结构中，每个仓库都可以看作一个独立的管理单元，因此，除管理货物不同外，各岗位的职责大致相同。

（1）库存经理。

与商贸型企业相同，库存经理负责库存管理的整体运作，其具体职责主要有7点。

①负责整体库存管理工作的统筹与安排。

②负责库存工作的规划与进度控制，并合理调配人力资源，使各项工作能够有效开展。

③负责与企业内外部各部门的沟通与协调。

④负责下属的技能培训和工作指导。

⑤负责库存安全与配送管理。

⑥负责处理突发性事件。

⑦负责企业安排的其他工作。

（2）经理助理。

经理助理的职责与商贸型企业的订单主管类似，负责协助库存经理处理订单、稽查以及其他文书工作。

（3）各仓库单元。

每个仓库都可以看作一个独立的管理单元，分别负责对应货物的出入库管理，一般分为原材料、半成品与辅料、成品三部分。

每个仓库单元中主要有仓管员和装卸工两个岗位，分别负责处理不同的事务。

① 仓管员。其主要负责各类物资的出入库管理，并对各类物资进行盘点与管理。

② 装卸工。其主要负责各类物资的装卸、搬运、搬移，并对仓库叉车等工具进行管理。

（4）储运部门。

主要负责处理物资的储存和运输工作，即合理利用仓容储存和保管，并对各类物资进行配送管理。

2.2　如何进行智能仓库的规划管理

随着智能时代的到来，传统仓库效率低、浪费大、管理难等问题越发突出。即使企业有完善的库存管理系统的组织结构，缺货、爆仓等情况也时有发生。因此，智能仓库的规划管理成为仓库转型的主流方向，库存管理更加依赖以自动化和人工智能技术为核心的智能仓库。

2.2.1　智能仓库的规划目标

仓库的管理已经成为供应链运营的核心命脉。长期以来，虽然企业在不断地完善库存管理系统的组织结构，但传统仓库仍然存在效率低下、规划不明、缺乏时效性等诸多问题。

近年来，随着自动化和人工智能技术的不断发展，传统仓库的管理也迎来了智能化转型的契机。

例如，百世云仓依靠以仓储机器人为核心的智能化手段，将传统仓库的"人找货"变为"货找人""货架找人"。

当百世云仓的仓储机器人收到订单信息之后，就会在智慧系统的安排下，选取最优路线驶向存放货品的货架，并将其搬运至员工配货区。

配货员只需等待货架被搬至面前，即可从平板电脑提示的货位上取下所需商品，并将之送上传送带，无须走动一步。

目前，我国正处于仓库管理升级的阶段（由机械化向信息化与智能化不断升级）。仓库管理升级的原因不仅在于电商、物流产业的高速发展使智能仓库的需求增加，其也是劳动力成本、土地成本不断上涨的必然结果，更是国家政策大力支持的发展方向。

所谓智能仓库，其实是多套智能化设备和系统的集成，如自动化立体仓库、立体货架、高速分拣系统、出入库输送系统、物流机器人系统、信息识别系统、自动控制系统、计算机监控系统及其他辅助设备。

基于各个企业的情况，企业推进智能仓库升级的手段各有不同。但究其本质，智能仓库的规划目标有5个方面，如图2.2-1所示。

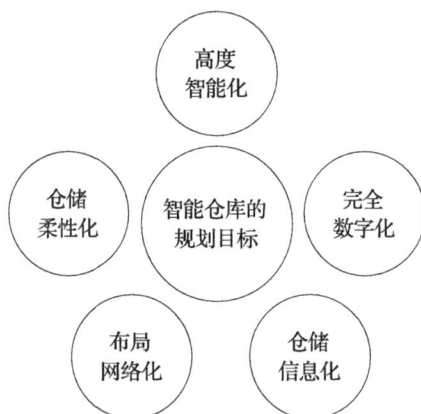

图 2.2-1　智能仓库的规划目标

1. 高度智能化

智能化是智能时代下的智能仓库最显著的特征。智能仓库绝不只是自动化，更不局限于存储、输送、分拣等作业环节，而是仓储全流程的智能化，包括应用大量的机器人、RFID 标签、MES、WMS 等智能化设备与软件，以及物联网、人工智能、云计算等技术。

2. 完全数字化

新零售时代的一个突出特征就是海量的个性化需求，想要对这些需求进行快速响应，就需要实现完全的数字化管理，将仓储与物流、制造、销售等供应链环节结合，在智慧供应链的框架体系下，实现仓储网络全透明的实时控制。

3. 仓储信息化

无论是智能化还是数字化，其基础都是仓储信息化的实现，而这也离不开强大的信息系统的支持。

（1）互联互通。想要信息系统有效运作，就要将之与更多的设备、系统互联互通，以实现各环节信息的无缝对接，尤其是 WMS、MES 等，从而确保供应链的流畅运作。

（2）安全准确。在网络全透明和实时控制的仓储环节中，想要推动仓储信息化的发展，就要依托信息物理系统（CPS）、大数据等技术，解决数据的安全性和准确性问题。

4. 布局网络化

在仓储信息化与智能化的过程中，任何设备或系统都不再孤立地运行，而是通过物联网、互联网技术智能地连接在一起，在全方位、全局化的连接下，形成一个覆盖整个仓储环境的网络，并能够与外部网络无缝对接。

基于这样的网络化布局，仓储系统可以与整个供应链快速地进行信息交换，并实现自主决策，从而确保整个系统的高效率运转。

5. 仓储柔性化

在"大规模定制"的新零售时代，柔性化构成了制造企业的核心竞争力。只有依靠更强的柔性能力，企业才能应对高度个性化的需求，并缩短产品创新周期、加快生产制造节奏。

而企业想要将这一竞争力传导至市场终端，同样需要仓储环节的柔性能力作为支撑。仓储管理必须根据上下游的个性化需求进行灵活调整，扮演好"商品配送服务中心"的角色。

2.2.2 智能仓库规划布局的类型

仓库规划布局是指对仓库数量、规模、地理位置和道路设施等各要素的规划。完善的仓库规划布局，能够极大地提升库存管理的效率。在智能时代，企业必须掌握智能仓库规划布局的方法。

1. 仓库规划布局的原则

仓库规划布局的原则主要涉及6个方面。

（1）尽可能采用单层设备，从而降低造价，提高资产平均利用效率。

（2）使物资出入库保持单向和直线运动，避免逆向或大幅转向运动。

（3）确保物资搬运设备和操作流程的高效性。

（4）制订有效的存储计划。

（5）在确保物资搬运需求的前提下，尽量减少通道占用的空间。

（6）尽量利用仓库的高度，提高仓库容积利用率。

2. 仓库规划布局的功能要求

仓库规划布局应满足仓库管理的各种功能要求，一般体现在以下5个方面。

（1）仓库位置应便于物资入库、装卸和提取。

（2）明确划分库内区域，并配置必要的安全、消防设施。

（3）应根据需求分类进行仓库规划布局。

① 不同类型的仓库应分开设置，如集装箱货物仓库和零担仓库。

② 库内应对不同物资进行分区存放，如发送、中转、到达物资。

（4）尽量减少物资在仓库内的搬运距离，避免迂回运输；库内布局也需满足先进装卸工艺和设备的作业需求。

（5）仓库货门的设置应考虑物资集中到达时的装卸作业需求，也要考虑增设货门造成的堆存面积的损失。

3. 仓库规划布局的类型

对于智能仓库，仓库规划布局主要有 4 种类型，分别适用于不同的企业。

（1）辐射型仓库。

辐射型仓库位于多个客户的中间位置，产品由此辐射运送给各个客户，如图 2.2-2 所示。

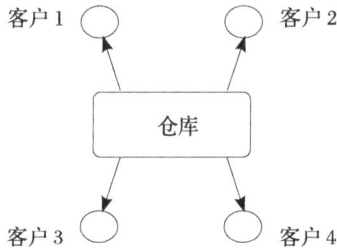

图 2.2-2　辐射型仓库

辐射型仓库适用于客户相对集中的情况，或适用于充当运输主干线路转运站的仓库。

（2）吸收型仓库。

吸收型仓库位于多个产地的中间位置，货物从各个产地向此集中，如图 2.2-3 所示。

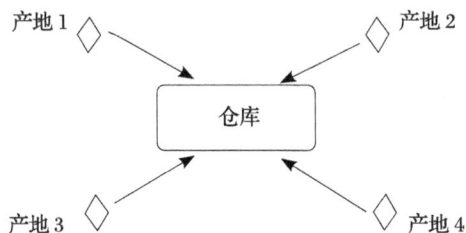

图 2.2-3　吸收型仓库

吸收型仓库通常作为集货中心，负责将多个产地的物资集中储存。

（3）聚集型仓库。

聚集型仓库与辐射型仓库相反，是以客户为中心分散在客户四周，如图2.2-4所示。

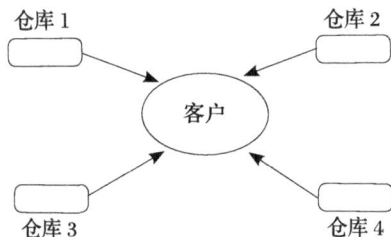

图 2.2-4　聚集型仓库

聚集型仓库适用于经济区域中生产企业较密集的情况，如工业园。

（4）扇形仓库。

扇形仓库的物资向某一方向呈辐射状运送，该方向通常与运输干线方向一致，如图2.2-5所示。

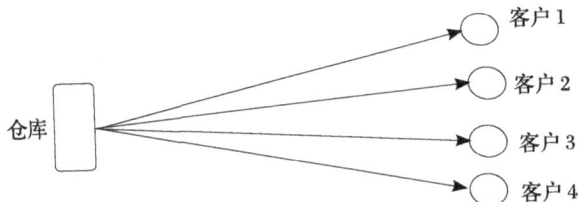

图 2.2-5　扇形仓库

扇形仓库适用于贴近运输主干线的上游仓库，负责将物资运往下游仓库。

2.2.3 智能仓库的发展规划

智能仓库的发展涉及存储物资、仓库布局、管理方式、装备技术等复杂内容。因此，在发展智能仓库时，企业应预先制定智能仓库的发展规划，并逐步实现智能仓库发展规划的最终目标。

1. 智能仓库发展规划

一般而言，智能仓库的发展规划主要分为 4 个阶段。

（1）数据分析阶段。

数据分析的目的是通过对历史数据、行业数据进行充分分析，发现企业仓库管理的关键问题，形成数据分析结果及方案决策，从而确定智能仓库发展规划的方向。

数据分析的内容主要有 8 类，如表 2.2-1 所示。

表 2.2-1 数据分析的内容

序号	数据内容	备注
1	物资基础信息	如物资品名、尺寸等
2	物资包装	如包装形式、包装容量等
3	堆垛层数	现有工装可堆垛层数
4	工艺信息	如工序号、工序名称、单台定额等
5	工艺布局	如车间工艺布局、厂区布局等
6	运输流程及信息技术（IT）需求	如仓储、配送流程及 IT 架构等
7	是否为周边供应商直流	如周边供应商的准时生产（JIT）件
8	供应商信息	如供应商名称、距离、供货比例等

（2）概念规划阶段。

概念规划阶段主要制定智能仓库的整体策略，并与供应商进行初步接洽。

（3）详细规划阶段。

详细规划阶段主要根据概念规划确定智能仓库发展规划的各项细节，并与供应商进行对接，确保各项设计能够实现。

（4）实施阶段。

实施阶段根据详细规划逐步进行智能仓库的建设。在此过程中，应保证充分的技术指导和问题答疑，避免实施情况与规划不符。

2. 云仓的发展升级

面对传统仓库的智能化升级需求，在各大企业的创新实践中，"云仓"逐渐成为一种广受认可的升级方向。

在智能技术和管理的支撑下，云仓能够充分挖掘大数据的价值，将零散分布的仓储资源整合起来，通过中央运营让物流仓储更加专业、简单和高效，从而降低仓储成本、提高仓储效率。

例如，京东云仓会根据当地的历史销售数据预测需求，并提前将各类货物存入仓库，当客户提交订单之后，系统会自动安排距离客户最近的云仓发货，从拣货到待出库只需短短十分钟的时间。而货物流转的每一步都会显示给客户，这样高效、透明的物流配送服务，也能够给予客户绝佳的消费体验。

具体而言，云仓与传统仓库的区别主要体现在 3 个方面。

（1）仓储品类。

传统仓库储存的货物品类相对单一，如大件仓库、小件仓库或冷库。在这种模式下，当仓库接到企业订单时，就需要先前往各个仓库分别取货，再集中到一起进行配送，这就耗费了大量的时间和运力成本。

而云仓则不同，它能够覆盖更多的货物品类。所有的货物品类被集中存储在同一仓库的不同库位。一旦仓库接到订单，就可以自动进行拣选、打包、配送，使得仓储效率大大提升。

（2）管理方式。

管理方式是传统仓库与云仓的核心区别。

传统仓库的管理主要关注仓储安全和库存数量；相比而言，在保证仓储安全和库存数量的同时，云仓管理更重视仓内作业时效，并对其进行精益管理，从而提高仓储效率、增强客户体验。

（3）装备技术。

精益管理是云仓有序运作的核心要素，而在精益管理的基础上，云仓之所以能够大幅提升仓储效率，是因为自动化装备、智能化技术的应用。

与传统仓库相比，云仓发货呈现出多批次、小批量的典型特征，这也是为了满足新零售时代消费者随时、随地、随意消费的需求。而在这样高频次的仓储作业中，为了保证整体正确率和效率，云仓必须应用大量的自动化设备、智能化技术，如拣货机器人、WMS、RFID 技术等。

2.3 如何做好物资出入库管理

为了规范企业物资管理，确保物资准确、完好，企业必须针对物资出入库的各个环节，结合企业实际情况做好管理工作。只有借助完善的物资出入库管理，企业才能对物资实现分类控制，确保生产不断料、不呆料、不囤料。

2.3.1 物资入库的准备工作

物资的分类控制离不开仓库的分类建设。在物资入库之前，企业需要根据常用物资情况建设相应的仓库。

一般而言，仓库可以根据物资不同分为原料库、半成品库、成品库和待处理库，如图 2.3-1 所示。

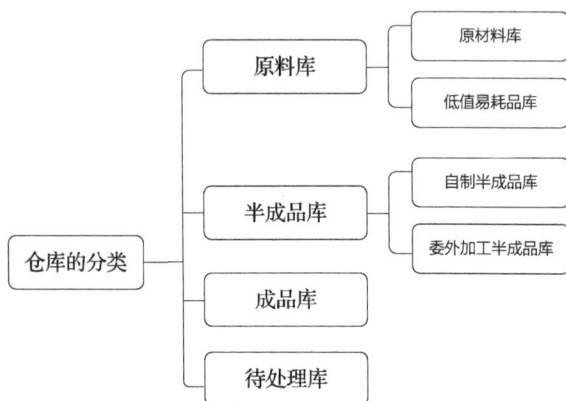

图 2.3-1　仓库的分类

1. 原料库

主要储存和管理企业购置的各种原材料、零件或成品。原料库又可细分为原材料库和低值易耗品库。

（1）原材料库。其主要用来储存和管理企业产品耗用的主要原料。

（2）低值易耗品库。其主要用来储存和管理外购的各种辅料，如纸箱、线材等。

2. 半成品库

主要用来储存企业自制或委外加工的半成品，因而也可以细分为两种。

（1）自制半成品库。其主要储存和管理本企业加工但尚未形成最终成品的物资。

（2）委外加工半成品库。其主要储存和管理由外单位加工后收回的半成品。

3. 成品库

主要用来储存和管理企业最终加工完成且具备出厂条件的各种成品。

4. 待处理库

主要用来储存和管理不合格物资。

2.3.2 物资入库的分类管理

物资到达收货地点之后，企业仍需对物资进行检验，确保数量、质量符合要求，才能办理入库。

在这一过程中，企业也要针对物资的不同入库方式，采取相应的入库管理。常见的物资入库方式一般分为 5 种，如表 2.3-1 所示。

表 2.3-1　常见的物资入库方式

序号	物资入库方式	适用范围
1	采购入库	适用于企业采购的各种物资，如原材料、零件、成品等
2	外协入库	适用于企业委外加工后收回的各种物资
3	自制入库	适用于本企业加工完成的物资，包括半成品、成品
4	调拨入库	适用于仓库间调拨转移的物资
5	盘盈入库	适用于盘点时发现实际库存数大于账面库存数且无法查明原因的物资

1. 采购入库

对采购入库的物资，由采购员负责收货工作，根据送货单核对物资的数量、型号，确认无误后需及时送检。

一般而言，采购入库的物资应当在 2 个工作日内完成检验工作，再贴上合格标签，交由仓管员办理入库手续。如物资不合格，则需注明不合格的原因，转交采购部门处理，并及时通知物资需求部门。

仓管员在确认检验合格之后，即可对物资进行清点，根据物资实际情况办理入库手续、开具入库单。

特别地，对车间急用的采购物资，可由检验员检测合格后，直接转交车间进行装配，再后补相关单据及入库手续。

2. 外协入库

处理外协入库物资的前置条件，是企业开具的委外加工送货单。当委外加工物资完成验收、办理入库时，仓管员即可根据委外加工送货单及实际入库数量，开具委外加工入库单，并与送货单关联。

3. 自制入库

本企业加工完成的物资，同样需要及时送检，在检验合格后则需标明生产部门、物资名称、规格、数量等要素，交由仓管员办理入库。

4. 调拨入库

因仓库管理的需要，企业对物资进行调拨转移时，调入方仓库需开具调拨单，经物资供应部门确认后，即可交由调出方仓库办理调拨。

5. 盘盈入库

当仓库盘点发现实际库存数大于账面库存数时，仓管员必须及时调查原因，并向物资供应部门、财务部门汇报。

如因出库实物数与出库单数量不符导致少发物资，经确认后，可补发到用料部门，并在账面上进行冲减。

如经调查无法查明原因，则可确认为盘盈，此时则可按照盘盈入库办理入库手续。

2.3.3 物资码垛过程指导

在确保安全的前提下，企业应合理利用仓库容积存放更多的物资。但要注意的是，物资码垛的核心原则是安全可靠、作业方便、通风良好。

具体而言，物资的码垛设计可以从三个方面进行。

1. 一般要求

（1）堆码整齐、稳固。

物资码垛应根据物资包装的外形、特性和重量，结合储存时间和气候条件等要素进行，确保码垛整齐、稳固，保证不发生倒塌事故，且易于计数。不同品种、规格或等级的物资，应分开码垛。

一般而言，物资码垛应确保上层物资不压下层物资，一个包装内的物资不要超过 50 千克，码垛高度则不要超过 2 米。如物资包装整齐且较轻，可适当加高码垛高度。

（2）确保间隔和垫高。

库内货垛与隔墙的距离应不小于 0.3 米，与外墙的距离则不小于 0.5 米。

货垛底部应适当垫高，根据地面的不同，垫高要求也有所区别。如是水泥地，垫高在 0.3~0.5 米之间；如是露天货场，则应使用石墩或水泥板下垫，临时性货场可暂时使用枕木；如果是未加修整的货场，地面则必须高于库外地面，并避免积水、杂草，确保排水系统畅通，此时，垛距应为 1.2 米左右，垫高不小于 0.5 米。

（3）节约仓库空间。

在确保安全、便于管理的前提下，物资码垛应结合仓库空间进行，尽量节约仓位，提高仓库容积利用率。

物资码垛的设计应当遵循定量原则，每垛、每层的数量都应为整数，最好采用"五五摆放"的方式，以便于仓管人员检查、盘点。

所谓"五五摆放"，就是以五为基本计量单位，货垛的数量应为五的倍数，如一垛十件货、一行五个垛。

基于"五五摆放"法，形状各异的物资摆放可以形成一定的规则，实现"过目成数"，提高仓库管理的效率。

2. 特殊要求

对部分特殊物资的码垛，应满足物资储存所需的特殊要求。

（1）通风垛。对需要经常通风的物资，如潮湿的木板，码垛过程中应在每件或每层之间留出一定缝隙，以降低温度和减少水分。

（2）架眼摆放。对怕压的物资，应采用架眼摆放。

（3）对油漆等桶装化工产品，则要避免货垛过大，并应成行码放，在行间留出空隙。

（4）对易燃易爆的危险品，则要确保储存场所干燥、阴凉、通风。对照明灯等电器设备则要加装防爆装置。若缺乏足够的安全消防措施，则同样应当采用架眼摆放，确保堆小、垛低。

（5）对有毒品，应单独存放于一个仓库内，严密保存，并按照危险品标准码垛。

（6）对腐蚀品，则应避免露天存放，并尽量采取平放的码垛方式。

2.3.4 物资货位管理

货位管理为仓管员提供了一种便捷的管理方式，其涉及货位的规划、分配、使用和调整等各项工作。

简单而言，货位管理就是对存放位置进行定义，对不同货品的属性进行统一，以便于提高库存管理效率。

货位管理的基本管理方法是"四号定位"法，"四号"即库号、架号、层号、位号。

具体而言，货位管理一般分为自由货位和固定货位两种管理方法。

1. 自由货位

在自由货位的管理方法下，每一个货位都可以存放任意一种物资——除非物资之间存在不良影响。

只要货位空闲，就可以存入入库物资，因此其操作更加便捷，且可以充分利用货位，增强仓库的储存能力。

但其缺点也十分明显。由于每个货位的存货经常变动，仓管员难以记住物资位置，进而影响库存效率。

自由货位一般需要完善的信息系统作为支撑。

2. 固定货位

固定货位，就是在经过妥善设计之后，严格规定某一货位只能存放某一规格、品种的物资。

固定货位的管理优势显而易见——仓管员能够熟悉并记住不同物资所处的货位，从而提高出入库效率，并减少差错。借助货位分布图，新员工也能够快速定位所需物资所在的货位。

但在这种货位管理模式下，就可能出现大量空闲的货位，造成储存空间的浪费。

固定货位一般适用于储存物资固定的企业。

3. 货位管理目标

无论是自由货位还是固定货位，都只是一种货位管理方法。根据企业需求，也可以结合应用，如常备物资采用固定货位的管理方法，少量或就地堆垛的大宗物资则采用自由货位的管理方法。

物资货位管理只需满足管理目标即可。

（1）充分、有效地利用储存空间。

（2）提高人力及设备利用率。

（3）有效保证物资数量和质量。

（4）维持良好的储存环境。

（5）便于物资存取。

2.3.5　物资退换管理

针对用料人领取后需要退换的物资，企业同样应当设置完善的退换制度。

一般而言，如用料人验收领取后需要退换，则必须填写"退库单"，在退库单上注明物资型号、规格、数量和退换原因等，经相关部门签字确认后，物资可退至库中。

退库物资经过质检评定后，应根据评定情况采取相应的管理方式，如图2.3-2所示。

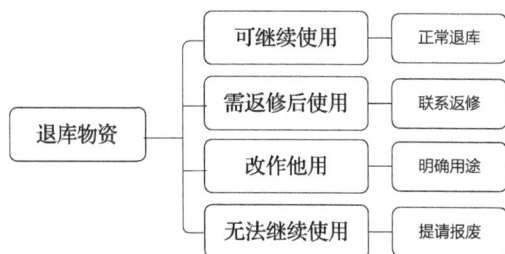

图 2.3-2 退库物资的评定及处理

1. 可继续使用

对可继续使用的物资，仓库可及时办理退库手续，待下次领用。

2. 需返修后使用

对需返修后使用的物资，仓库需根据物资来源进行返修。

（1）对自制物资，仓库可直接将其退往车间进行返修，待返修完成后重新验收入库。

（2）对外购物资，仓库可通知采购部门联系供应商进行返修，待返修完成后重新验收入库。

3. 改作他用

对改作他用的物资，可重新编制物资用途，由其他用料部门考虑使用。

4. 无法继续使用

对无法继续使用的物资，经相关部门鉴定确认后，进行报废处理。

2.3.6 出货备货准备

与入库分类管理相同，物资出库同样需要根据出库方式进行分类管理，从而做好出货备货准备。

一般而言，常见的物资出库方式分为 8 种，如表 2.3-2 所示。

表 2.3-2　常见的物资出库方式

序号	物资出库方式	适用范围
1	生产出库	适用于各种因自制半成品和成品的生产加工而领用的物资
2	外协出库	适用于提供材料或零件委托外单位进行专项加工的物资
3	基建出库	适用于企业因基建项目领用的物资
4	调拨出库	适用于各仓库间调拨转移的物资
5	盘亏出库	适用于盘点时发现实际库存数小于账面库存数且无法查明原因的物资
6	销售出库	适用于企业对外销售的物资
7	报废出库	适用于因各种原因需要报废的物资
8	其他出库	适用于非生产车间领用的物资，如工具、劳保用品、低值易耗品等

物资出库代表物资储存阶段的结束，涉及出库凭证、审单、查账、发货、交接、复核、记账等一系列工作。为确保物资出库的顺利进行，企业应做好出货备货的准备，明确物资出库的基本要求和原则。

1. 基本要求

物资出库的基本要求是，根据正式的凭证和手续，准确、及时地完成物资出库工作。

（1）准确。

物资出库必须准确，准确也是物资出库管理的基本前提。根据出库单列出的物资编号、品名、规格、单位、数量等要素，仓管员必须做到单货相符。

（2）及时。

物资出库效率与用料部门的生产效率息息相关，在出库手续健全的前提下，仓管员应当及时安排出货，避免过于烦琐的手续导致出库效率低下。

（3）安全。

物资出库过程中，仓管员应注意安全操作，避免物资因操作失误出现质量损坏，如摔伤、破损、变形等。

2. 出货原则

（1）先进先出。

由于物资在长期的储存中会出现自然损耗，甚至可能因储存时间过长而报废，所以物资出库必须遵循"先进先出"的原则，优先安排先入库的物资出库。

（2）凭证出货。

仓管员必须遵循"收有据、出有凭"的原则，根据正式单据和手续安排出货备货。

2.3.7 物资出货单据管理

在凭证出货的原则下，物资出货必须做好单据管理工作，明确各个环节需要的单据，并仔细核对、妥善保存。

1. 单据基础内容

出库单示例如图 2.3-3 所示。针对常见物资的出库单据，应当注意审核以下 5 点基本内容。

图 2.3-3　出库单示例

（1）单据样式有效。

（2）出货仓库一致。

（3）印鉴齐全。

（4）物资的编号、品名、规格、单位、数量等要素清晰、无涂改。

（5）签发时间有效。

针对上述基础内容，如有任何一项不符合要求，仓管员都有权拒绝出货。

2. 出货单据管理

在物资出货环节，根据出货方式的不同，常用的出货单据有生产领料单、委外加工送货单和工具类领料单等。

对出货单据的管理，仓库必须确保做到日结月清。

与此同时，为避免单据管理混乱、提高出货效率，企业可制定"当日有效"的管理办法，要求当日开出的领料单必须在当日完成出货，生产中心必须在仓库下班前 1 小时领完物资。

2.4　库存控制管理

库存控制是指对原料、半成品、成品等各种物资进行管理和控制，使其库存水平经济合理，从而创造更多的价值。库存控制管理是库存管理的重要组成部分，企业必须在满足运营需求的前提下，对库存水平进行严格控制，避免库存因占用过多现金流而成为企业的负担。

2.4.1　库存控制方法

库存控制需要考虑物资使用量、采购周期、到货周期、季节性波动等各类因素，因此，为了提高库存控制管理的效率，企业应当引入信息化手段，对每次物资的采购、使用及价值盘点进行分析核算。

1. 库存控制的目标

在设计库存控制方法之前，企业首先要明确库存控制的目标。一般而言，库存控制的目标主要表现在 4 个方面。

（1）在保证生产、经营需求的前提下，使库存水平经济合理。

（2）动态监控库存量变化，适时、适量地提出订货。

（3）减少库存占用空间，提高仓库利用率。

（4）控制库存占用资金，提高资金周转率。

2. 库存控制的因素

为了实现上述目标，库存控制管理实际上就是解决三个核心问题，即多久检查一次库存量，何时提出订货（订货点），订多少货（订货量）？

由此可见，库存控制系统的主要控制因素有两个，即时间和数量。企业可通过调整订货的时间和订货的数量实现库存控制。

（1）在订货数量一定的条件下，订货时间过迟将造成物资供应脱节，生产停顿；订货时间过早将使物资储存时间过长，储存费用和损失增加。

（2）在订货时间一定的条件下，订货数量过少会使物资供应脱节，生产停顿；订货数量过多会使储存成本上升和储存损耗增大。

选择合适的库存模型和库存制度使库存水平在时间和数量上经济合理，是库存理论研究的主要内容。

3. 库存控制系统

基于库存控制的主要目标及核心问题，结合信息化手段，企业主要可以借助 3 种库存控制系统实现库存控制。

（1）定量库存控制系统。

定量库存控制系统的订货点和订货量都是固定的，定量库存控制系统如图 2.4-1 所示。

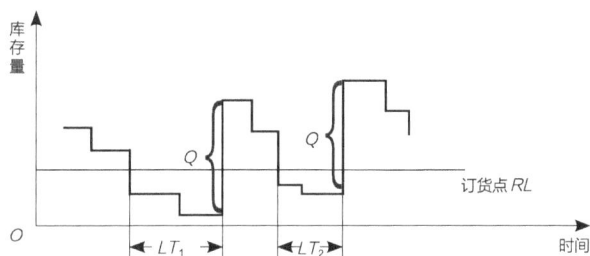

图 2.4-1 定量库存控制系统

当库存控制系统的现有库存量降到订货点（*RT*）及以下时，企业就向供应商订货，每次订货量均为一个固定的量 *Q*。经过一段时间，也即订货提前期（*LT*），所订的物资进入仓库，库存量增加 *Q*。

订货提前期（*LT*）是从发起订货至到货的时间间隔，其中包括订货准备、发出订单、供应商接受订货、货物发运、货物到库、货物验收和货物入库等过程。订货提前期一般为随机变量。

在定量库存控制系统下，企业要发现现有库存量是否到达订货点 *RT*，就必须随时检查库存量，并随时发起订货。

这样一来，虽然增加了管理工作量，但库存量却能得到严密的控制。因此，定量控制系统适用于重要物资的库存控制。

为了减少管理工作量，可采用双仓系统。双仓系统是将同一种物资分放两仓（或两个容器），其中一仓物资使用完之后，库存控制系统就发起订货。在发起订货后，就开始使用另一仓的物资，直到物资到货，再将物资分两仓存放。

即使如此，由于定量控制系统需要随时监控库存变化，在物资种类很多且订货费用较高的情况下，也很不经济。

（2）定期库存控制系统。

定期库存控制系统就是每经过一个相同的间隔时间，发起一次订货，以将现有库存补充到最大库存 *S*，如图 2.4-2 所示。

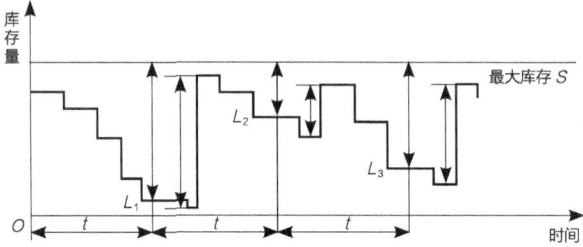

图 2.4-2 定期库存控制系统

当经过固定间隔时间 t 之后，企业发起订货，这时库存量降到 L_1，订货量为 $S - L_1$；经过一段时间到货，库存量增加 $S - L_1$；再经过固定间隔期 t 之后，又发出订货，这时库存量降到 L_2，订货量为 $S - L_2$，经过一段时间到货，库存量增加 $S - L_2$。

与定量库存控制系统相比，定期库存控制系统不需要随时检查库存量，经过固定的间隔期，企业即可发起订货。这样就简化了库存管理过程，也节省了订货费。

需要强调是的，根据物资需求的不同，不同物资的最大库存 S 可以不同。

定期库存控制系统的缺点是不论库存水平 L 降得多还是少，都要按期发起订货，当 L 很高时，订货量则很少，这样反而会导致订货费增加。

（3）最大最小库存控制系统。

最大最小库存控制系统是定期库存控制系统的一种特殊形式，其目的是克服定期库存控制系统的缺点。

最大最小库存控制系统只需确定一个订货点 s，当经过间隔时间 t 时，如果库存量降到 s 及以下，则发起订货；否则，再经过一个间隔时间 t 时再考虑是否发起订货。

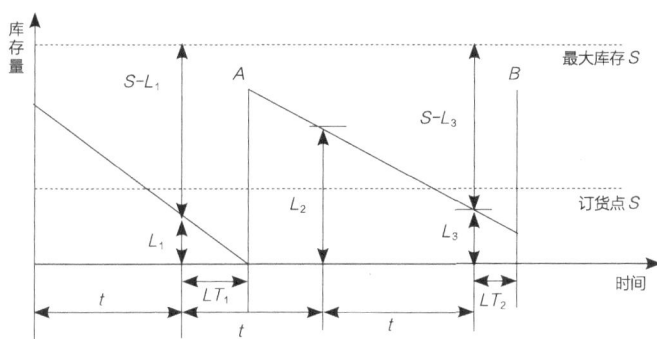

图 2.4-3 最大最小库存控制系统

最大最小库存控制系统如图 2.4-3 所示，当经过间隔时间 t 之后，库存量降到 L_1，L_1 小于 S，企业订货，订货量为 $S-L_1$，经过一段时间（LT）到货，库存量增加 $S-L_1$。再经过间隔时间 t 之后，库存量降到 L_2，L_2 大于 S，不订货。再经过时间 t，库存量降到 L_3，L_3 小于 S 时订货，订货量为 $S-L_3$，经过订货提前期（LT）到货，库存量增加 $S-L_3$，如此循环。

与定期库存控制系统相比，最大最小库存控制系统无须在每次检查时订货，因此可以节省订货费，但如果时间 t 被设定为较长时间，则库存量必然小于 S，该系统会失去意义。

2.4.2　库存控制的制约因素

企业库存控制水平不仅受到内部因素影响，更受到外部因素的制约。其中，核心的制约因素就是信息准确度。

无论采用何种库存控制方法，都要求企业准确地掌握库存需求信息，从而确定库存量 S。但在供应链运营中，"牛鞭效应"却导致需求信息扭曲变异，使得企业难以做出准确的需求判断。

牛鞭效应（Bullwhip Effect）是经济学中的一个术语，也被称作长鞭效应，指的是在供应链上的一种需求变异放大现象，需求信息在从最终客户到原始供应商的传递过程中，不断扭曲并逐级放大，最终使得需求信息处于越来越大的波动当中。

　　牛鞭效应如图2.4-4所示。需求信息的变异逐级放大，就如牛仔们甩动起来的那条长鞭，虽然牛仔只是轻轻一甩，但长鞭尾端却剧烈地甩动。也正是因为牛鞭效应的影响，处于供应链上游的制造商和供应商，其库存水平往往数倍于供应链下游的分销商和零售商。而站在供应链的角度来看，对销售商（分销商、零售商）而言，制造商及上游供应商都可以被看作"供应商"。

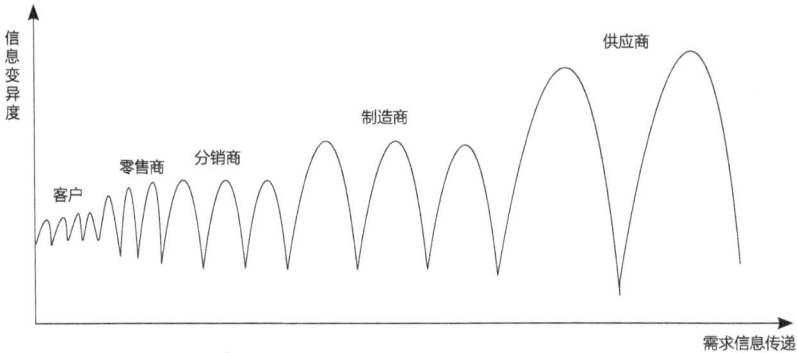

图 2.4-4　牛鞭效应

　　例如，当计算机市场的需求预测为轻微增长2%时，到达戴尔时，该需求增幅则被放大至5%，再到英特尔则可能进一步被放大至10%，而在英特尔的供应商眼中，市场需求就可能存在高达20%的增幅。

　　在这种情况下，供应链产能就会远超市场需求，造成产能过剩的问题。此时，过剩的产能会以库存的形式积压在供应链各个环节，进而影响供应链的资金周转，最终全面波及营销、物流、生产等各领域，对供应链运作造成严重影响。

　　正是在牛鞭效应的影响下，当2000年互联网泡沫破灭时，思科不得不清理价值高达24亿美元的库存。而在整个半导体行业，2000年前后积压的大量库存，直到2002年才处理完毕。在该过程中，各大公司清理的过期库存价值动辄达到数千万元，大量供应商更是因此倒闭。牛鞭效应在半导体行业的表现如图2.4-5所示。

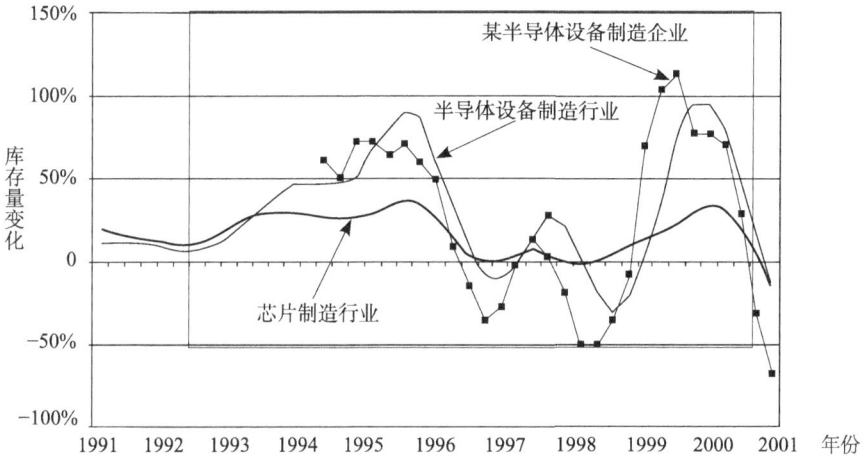

数据来源：
Eledronics Supply Chain Invenlory Study. Meml Lynch In-depth Report, 10 December 2001, Jerry H. Labowitz, Vice President
芯片制造业数据包括美国 26 个主要芯片制造公司，如英特尔、德州仪器等。
设备制造业数据包括美国 17 个主要设备制造商，如应用材料，Lam Research，Novellus 等。

图 2.4-5　牛鞭效应在半导体行业的表现

　　需求信息变异是库存控制的主要制约因素。但在实际管理中，此类变异只能缩小，却难以真正消除。这是因为，除客观存在的需求信息变异之外，有很多零售商、分销商为了拿到更大份额的配给量或获取更优惠的价格折扣，会故意夸大市场需求信息，从而影响供应链上游对市场需求信息的判断。

　　牛鞭效应造成的需求信息变异的加速放大，如图 2.4-6 所示，使得需求信息处于不断变异之中，企业难以准确把握市场需求信息。其最终结果就是：当市场需求增加时，供应商往往来不及反应，来不及满足增加的市场需求；而当市场需求放缓时，供应商又可能过量生产，造成大量库存积压。

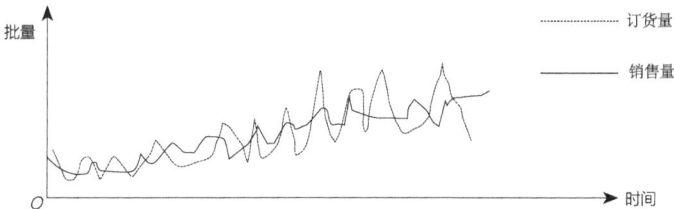

图 2.4-6　需求变异加速放大

牛鞭效应在库存控制管理中极具"杀伤力"，它不仅可能造成大量库存积压，也会导致生产计划频繁波动、交货周期过短等各种问题。具体而言，牛鞭效应造成的危害主要有4点。

1. 生产计划失效

在需求信息变异加速放大的过程中，供应链上游企业接收到的需求信息与实际需求存在较大差距，这使得生产与市场产生脱节，既定的生产计划变得无效，生产过程也因此进入无序状态。

2. 库存无效积压

当市场需求出现大幅变动时，在需求信息的逐级传递过程中，企业的库存也难以及时变化，对供应链上游供应商而言更是如此。无效的库存积压，也进一步导致资金利用率的降低。

3. 失去整体考虑

供应链上游企业的生产运作，很大程度上取决于下游企业提供的需求信息，而当需求信息处于持续变异中时，供应链各节点企业也将放弃对供应链的整体考虑，转而从自身利益出发，单纯追求局部最优。

4. 短期行为局限

在牛鞭效应的影响下，企业难以信任得到的需求信息，而这又进一步导致供应链各节点企业间的不信任。此时，企业间无法建立长期、稳定的合作关系，而是局限于短期行为，这也将影响供应链的稳定和发展。

2.4.3 库存需求预测

库存控制管理水平的提高，必然需要准确的库存需求预测，而这就离不开数据的采集和信息的分析。此时，如果信息出现变异，那库存控制管理的决策结果同样无法做到精准。

因此，在进行库存需求预测时，企业必须妥善处理供应链的牛鞭效应，弱化其负面影响。整体而言，准确地进行库存需求预测需要掌握 6 种方法，如图 2.4-7 所示。

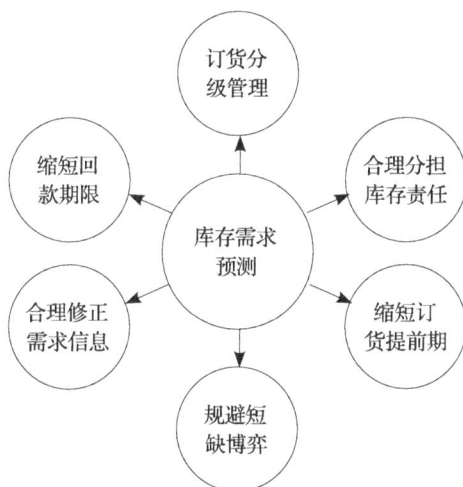

图 2.4-7　库存需求预测

1. 订货分级管理

当企业想要满足销售商的所有订货需求时，其需求预测修正造成的信息变异必将进一步放大，由此导致库存需求差异变大。

在供应链运作过程中，客户的地位和作用并不等同，正如"二八法则"说明的那样，20% 的客户贡献了 80% 的销量。

因此，在解决牛鞭效应时，企业要对客户进行分类，如一般销售商、重要销售商、关键销售商等。在此基础上，企业可对客户的订货实行分级管理。

（1）对一般销售商的订货采取"满足"管理。

（2）对重要销售商的订货采取"充分"管理。

（3）对关键销售商的订货采取"完美"管理。

（4）当货物短缺时，优先满足关键销售商的需求。

（5）定期对销售商进行考查，在合适时机剔除不合格的销售商。

2. 合理分担库存责任

造成牛鞭效应不断加剧的一个重要原因就是库存责任失衡，库存积压风险几乎都由制造商和供应商承担，因而销售商敢于人为夸大需求信息。因此，供应链应当加强出入库管理，各企业合理分担库存责任，促使下游企业向上游供应商提供真实的需求信息。

基于相同的原始需求资料，供应链各节点企业也得以协同合作，制订相匹配的供需计划。此时，联合库存管理策略也成为解决牛鞭效应的重要方法。

在库存责任失衡的状态下，即使销售商存在库存积压的问题，由于销售商无须支付预付款，因此不用承担资金周转压力，大库存反而能够发挥融资作用，提高销售商的资本收益率。而其代价则是供应商的库存风险异常加大。

因此，供应链应当平衡销售商与供应商的责任，遵循风险分担的原则，在供应商与销售商之间建立合理的分担机制，尤其是在库存成本、运输成本及竞争性库存损失等方面，从而实现成本、风险与效益平衡。

3. 缩短订货提前期

一般而言，订货提前期越短，需求信息就越准确。

例如，根据沃尔玛的调查，当订货提前期为 26 周时，需求预测误差为 40%；当订货提前期为 16 周时，需求预测误差为 20%；当销售商按照当前需求实时订货时，需求预测误差仅为 10%。

因此，供应商应当鼓励销售商缩短订货提前期，采取小批量、多频次的实需型订货方式，以减小需求预测的误差。尤其是在当下，借助电子数据交换系统等现代信息技术，销售商完全可以及时将需求信息分享给供应商。

4. 规避短缺博弈

在短缺博弈中，销售商为了获取更多的供应，倾向于夸大需求信息，进而加剧牛鞭效应。为了规避短缺博弈，供应商应当更改供应策略，以销售商的历史订购数据为基础进行限额供应，而非以订购量作为供应标准。

例如，假设市场总供应量是需求量的 50%，如果销售商同期平均销售量为 1000 件，历史最高销量为 1200 件，那供应商就应当根据销售商的等级计算供应限额，如一般供应商 500 件，重要供应商 550 件，关键供应商 600 件。

5. 合理修正需求信息

供应链各节点企业对需求预测修正的夸大，是导致牛鞭效应的重要原因。因此，供应商在进行需求预测修正时，忌一味地以订货量为基础进行放大，而应当根据历史资料和当前环境进行合理分析，从而真正发挥需求预测修正的效用。

与此同时，联合库存、联合运输和多批次发货等形式，也有助于供应商在控制成本的同时，满足销售商的需求。

6. 缩短回款期限

牛鞭效应的一个重要的负面影响，就是供应商的库存积压，以及随之而来的资金压力。对此，缩短回款期限是消除牛鞭效应负面影响的有效方法。

回款期限一般是供应链合作谈判的重要内容。具体而言，在合作谈判中，供应商一方面可以适当缩短回款期限，如定为 1 周或 10 天；另一方面可以出台价格优惠政策，鼓励销售商积极回款。

在供应链的放大效应下，需求信息变异加速放大以及由此造成的短缺博弈或短期行为，都会损害供应链各节点企业的利益。因此，供应链各节点企业都应当协同合作，借助现代信息技术，高效地整合供应链管理系统，并采用合适的分销与库存管理方法，以消除牛鞭效应的负面影响，做出准确的库存需求预测。

2.5 库存绩效管理

绩效管理是企业管理的重要依据。企业需要在库存管理中引入绩效管理方案,但由于库存管理内容复杂,且绩效管理本身存在多因、多维、动态等特点,库存绩效管理也成为企业绩效管理的难点。对此,企业必须遵循库存绩效管理原则,不断完善库存绩效管理的内容和体系架构。

2.5.1 库存绩效管理原则

库存绩效管理的内容十分繁杂,在制定库存绩效管理方案时,企业必须掌握核心原则,避免绩效管理失效。

1. 基本原则

着眼于库存管理本身,库存绩效管理原则应秉持科学、可行、协调、可比、稳定的原则来制定。具体而言,主要包含以下5个方面的内容。

(1)突出重点,并对关键绩效指标进行重点分析。

(2)采用能反映库存管理业务流程的绩效指标体系。

(3)指标要能反映库存管理的整体运营情况,而非单个仓库或单个环节。

(4)关注库存管理实时运营情况,尽可能采用实时分析与评价的方法。

(5)采用能反映库存管理及其他部门、合作商之间关系的评价指标。

2. 激励原则

为了进一步发挥库存绩效管理的效用,企业还需引入激励机制,依据奖惩结合的原则,强化绩效管理效果。

(1)奖励形式。

只有当奖励能够激起员工的欲望时,奖励才具有激励作用。因此,企业要充分考虑企业员工的特性,设计合适的奖励形式,以免企业付出了奖励成本却实现不了相应的激励效果。

一般而言,奖励形式应当分为物质奖励和精神奖励两种,常见的奖励形式包括：现金、奖品；流动红旗、奖杯；培训机会等。此外，企业还可邀请获奖单位发表报道，进行媒体宣传，以增强激励效果。

（2）处罚机制。

针对那些做得不好又不愿意改善的人员，应建立惩戒机制，迫使他们改善，让他们产生危机意识，以提高库存管理相关人员参与的积极性。

处罚要注意有效性的问题。通常来说，罚的形式有很多，可以通报批评、勒令整改、给责任人经济处罚。但要注意，处罚只是针对责任人，而非整个责任区。处罚之后，要责成责任人向总经理做书面检讨，或责成责任人公开表态，必要时进行干部调整，或通过企业内部的媒体宣传来施加压力。

2.5.2　库存绩效管理的内容

针对库存管理的各个环节，企业都应制定相应的绩效指标，并明确每个指标的考核对象、周期和评估办法等。

具体而言，库存绩效管理主要包含考核对象、考核周期、绩效指标、评估办法等 4 个方面的内容。

1. 考核对象

库存绩效管理的考核对象应包括库存管理的所有人员，如库存经理、经理助理、仓管员、装卸工等。

2. 考核周期

库存绩效管理的考核周期一般为季度考核、半年度考核及年度考核。

3. 绩效指标

库存绩效指标一般包括财务、运营、营销 3 个方面的内容，如表 2.5-1所示。

表 2.5-1　库存绩效指标

指标类型	说明
财务指标	库存对收益和损失的反映，如采购价格变动分析； 库存总投资； 相对于预算的绩效情况； 已销库存成本和持有库存成本
运营指标	库存周转率； 出入库服务水平指标； 库存准确率； 采购物品指标； 相对于目标的绩效情况
营销指标	库存可用性、缺货、订单丢失和备份订单； 服务和保修成本； 销售导致的过时物资； 销售预测准确性

根据企业实际经营目标，企业可选取合适的库存绩效指标。常见的绩效指标主要有以下几种。

（1）库存周转率。

$$库存周转率 = \frac{年销售额}{年平均库存额} \times 100\%$$

$$零售业的库存周转率 = \frac{总销售额}{总库存额} \times 100\%$$

$$制造业的库存周转率 = \frac{物品销售额}{总库存额} \times 100\%$$

$$原材料库存周转率 = \frac{原材料消耗额}{原材料平均库存额} \times 100\%$$

（2）出入库服务水平指标。

① 出库率。

$$出库率 = \frac{每月实际出库量}{每月计划出库量} \times 100\%$$

② 供给率。

$$供给率 = \frac{实际出库量}{要求出库量} \times 100\%$$

③ 及时发放率。

$$及时发放率 = \frac{实际及时出库的数量}{要求及时出库的数量} \times 100\%$$

④ 综合发放率。

$$综合发放率 = \frac{每月实际出库量}{每月要求出库量} \times 100\%$$

⑤ 物资收发差错率。

$$物资收发差错率 = \frac{计划期内发生收发差错量}{计划期内仓库的收发总量} \times 100\%$$

⑥ 账卡物相符率。

$$账卡物相符率 = \left(1 - \frac{账卡物不相符项数}{库存物资总项数} \right) \times 100\%$$

（3）库存管理指标。

① 仓库有效面积利用率。

$$仓库有效面积利用率 = \frac{仓库实际使用面积}{仓库有效面积} \times 100\%$$

② 仓库有效容积利用率。

$$仓库有效容积利用率 = \frac{仓库实际使用容积}{仓库有效容积} \times 100\%$$

（4）综合管理指标。

① 质量保证率。

$$质量保证率 = \frac{无质量事故的出库量}{总出库量} \times 100\%$$

② 安全率。

$$安全率 = \frac{无事故作业天数}{总作业天数} \times 100\%$$

③ 仓储成本。

$$仓储成本 = \frac{计划期内仓库的全部费用支出}{计划期内的保管总量}$$

$$仓储成本率 = \frac{计划期内仓库的全部费用支出}{计划期内库存物资收发额 /2} \times 100\%$$

④ 资金利润率指标。

$$全部资金利润率 = \frac{利润}{固定资金平均占用 + 流动资金平均占用} \times 100\%$$

$$固定资金利润率 = \frac{利润}{固定资金平均占用} \times 100\%$$

$$流动资金利润率 = \frac{利润}{流动资金平均占用} \times 100\%$$

4. 评估办法

由被考核人的直接上级、人力资源部和财务部等组成考核小组，对被考核人的绩效进行评估。绩效评估必须严格遵守既定的绩效指标，并遵循公正、公开、公平的原则，真实、准确地评估被考核人的绩效。

如出现减分项，则应当给出详细的说明，绩效扣分事项如表2.5-2所示。

表2.5-2　绩效扣分事项

序号	不符合事项	扣分值
1	物料收发单据填写不完整	2
2	物料收发异动，而账、卡更新不及时	3
3	未落实循环盘点工作，且实施记录未保持完整	3
4	盘点差异原因后未进行分析及改进，以提高库存准确率	3
5	未按时提交库龄报告、有效期报告、质量异常物料报告及废品报告	2
6	在库不合格物料、报废产品未明确标示	2

2.5.3 库存绩效管理体系的架构

库存绩效管理体系应当满足企业发展和供应链运作的需求。针对这一前提，企业需要设计完善的库存绩效管理体系架构。

一般而言，库存绩效管理体系的架构可以分为 3 个层面，即目标层、准则层和指标层。

1. 目标层

目标层即企业库存绩效管理的目标，该目标应当与供应链库存绩效管理的目标保持一致。也就是说，当企业库存绩效管理目标实现时，即能实现归属于本企业的供应链库存绩效管理目标。

2. 准则层

库存绩效管理的主要对象是成本与质量，即库存控制成本和客户服务水平，因此，这两个指标作为库存绩效管理的一级指标，构成了库存绩效管理体系的准则层。

（1）库存控制成本。

库存控制成本主要包含存储成本、缺货成本、信息传递成本等内容。

（2）客户服务水平。

客户服务水平主要涉及交货准时率、交货正确率、订单完成时间、库存信息准确率等指标。

3. 指标层

指标层就是库存绩效管理的各种二级指标，与被考核人员息息相关。

需要注意的是，在设计指标层内容时，企业必须考虑库存管理运营的实际情况，采用定性分析和定量研究相结合的方法，尽量做到全面、可比，从而提高绩效管理效率。

2.6 仓库安全管理

安全对所有行业都很重要，只有在保证安全的情况下才能实施项目，才能为企业创造效益。在仓库管理中更是如此，一旦仓库发生安全事故，往往会给企业带来不可弥补的损失，因此安全管理不容忽视。

在仓库安全管理中，企业应根据自身特点及常见事故做好预防措施，借助仓库安全管理信息系统，不断改善，促进安全作业。

2.6.1 仓库安全管理的内容

仓库安全管理是指针对物品在仓储环节的综合性安全管理，包含仓库建筑、照明、物品摆放、消防、事故应急救援等多项内容。

1. 摆脱安全管理的误区

一说到安全，很多人在认识上有一个误区，认为企业安全管理"只有投入，没有产出"，是一桩赔本的买卖。这是对安全管理实质的一个极大误解。

之所以产生这样的误解，主要有3个方面的原因。

（1）忽视安全效益。把安全与生产、质量、成本等相提并论，安全被看作单纯的投入。安全看似对企业的效益没有贡献或有负面的贡献，但其实无论对企业还是个人，安全是最根本的基础和前提。

（2）只顾眼前利益。因被眼前利益蒙蔽、对安全工作的漠视而招来灭顶之灾的例子比比皆是。

例如，某皮革企业不重视环境空气质量，导致员工瘫痪或得尘肺病等。这类人为故意因素是由企业主造成的，而员工有时是不情愿的，有时是不知情的。

（3）安全责任感淡漠。企业安全工作者一直在讲"人的生命是无价的""安全是最大的效益"等，但具体到安全管理能给企业带来的好处都有哪些，除对人的生命和健康有好处以外还有什么好处，很多企业并没有清楚的意识，因此安全责任感淡薄。

需要指出的是，以消除缺陷和现场浪费为抓手的仓库安全管理，带来的收益不仅是人的安全意识的提高、隐患的排除和事故的减少，同时也能带来相应的经济效益。

2. 仓库安全管理的关键

仓库安全管理直接关系到货物的安全、作业人员的人身安全，以及作业设备和仓库设施的安全，因此，仓库安全管理是企业经济效益管理的必然组成部分。

具体而言，仓库安全管理主要包含 4 个方面的关键内容。

（1）安全管理制度化。

仓库安全管理是仓库日常管理的重要项目，企业必须制定科学合理的作业安全制度、操作规程，并明确安全责任制度，从而通过严格监督，确保仓库安全管理制度的落地。

（2）加强劳动安全保护。

劳动安全保护着重于作业人员的人身安全，企业应当采取各种直接或间接措施对员工人身进行保护。《中华人民共和国劳动法》（以下简称《劳动法》）是劳动安全保护的底线，企业首先要遵守《劳动法》的相关规定。

加强劳动安全保护主要可以从 4 个角度出发，如图 2.6-1 所示。

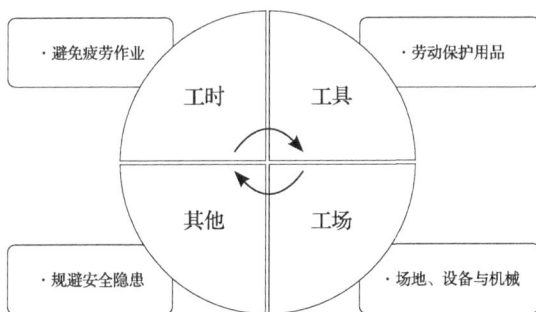

图 2.6-1　劳动安全保护

① 控制作业人员的工作时间，避免员工疲劳作业，如每周工作不可超过40 小时、依法安排加班、保证足够的休息时间等。

② 提供合适和足够的劳动保护用品，如工作鞋、安全帽、安全手套等，并督促作业人员正确使用劳动保护用品。

③ 确保作业场地适合仓储作业，保证通风、照明、防滑等，并采用较高安全系数的作业设备、机械及工具。

④ 规避其他安全隐患，如在不安全环境作业或冒险的仓储作业等，尤其要规避人员带伤、带病作业。

（3）加强安全培训和资质管理。

仓库安全管理是一项长期性的工作，必须融入每位作业人员的工作习惯当中，因此，企业必须定期或不定期组织安全培训，进行安全作业宣传和教育，并通过严格的检查强化安全培训效果。

与此同时，对某些特种作业，作业人员必须经过专门培训并取得相关资质，避免无资质作业。

（4）安全监控电子化。

信息技术的不断发展，使得仓库安全管理得以运用更多的信息手段，尤其是安全监控技术的应用，能够增加安全管理的科技含量。通过监控电子化对安全作业进行严格监督和检查，如发现违章或无视安全的行为，则可以给予严厉的惩罚，从而强化员工的安全责任心。

2.6.2　仓库安全管理的基本任务和目标

仓库安全管理旨在保障员工人身安全，保证安全作业，减少因各种安全事故带来的人身和经济损失。

在这样的目标下，仓库安全管理必须着眼于仓库中的每一个细节，识别安全风险，做好安全保护，确保每个环节都符合企业安全要求。

具体而言，根据管理对象的不同，仓库安全管理可以从人、物、作业三个角度出发。仓库安全管理的基本任务如图 2.6-2 所示。

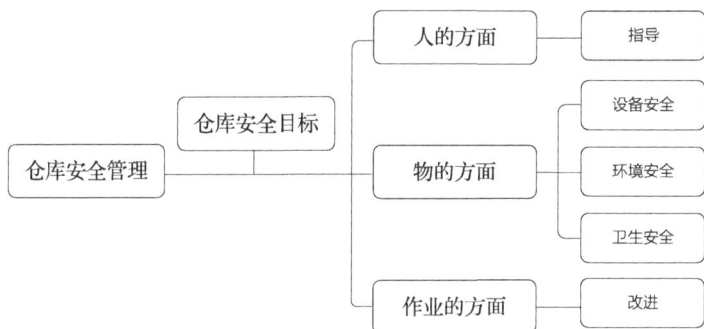

图 2.6-2　仓库安全管理的基本任务

1. 人的方面

仓库安全管理目标的实现，需要由上而下的层层推动，以及日常的监督与指导。因此，在人的方面，仓库安全管理着重考查管理人员对下级、作业、安全教育及钻研、创造的指导。

（1）对下级的指导。

① 对下级的要求是否了解？

② 对安全教育的必要性是否努力去发现？

③ 是否有教育计划？

④ 是否根据教育计划进行了指导和教育？如新职工教育、特别教育、其他教育、作业内容变更时教育等。

⑤ 对危险和有害作业是否进行了重点教育？

⑥ 有没有教材？

⑦ 对执行结果有无评价？

⑧ 有无补充指导？

⑨ 对合作公司和包工单位是否进行了指导和教育？

⑩ 是否保存了教育结果的记录？

（2）对作业的指导。

① 是否按计划巡视了现场？

例如，是否有整洁的作业服装？

是否遵守安全操作？

安全用具、保护用具是否便于使用？

是否清楚安全标准？

是否约定好了共同作业时的联系、打招呼方式？

是否有好的作业位置、作业姿势？

是否遵守了岗位纪律？

② 对新员工是否关心？

③ 在工作岗位上是否有好的人际关系？

④ 指示、命令是否适当？

⑤ 在语言使用、语气上是否符合要求？

⑥ 是否关心下级的健康状况？

（3）对安全教育的指导。

① 有目的的教育活动效果如何？

例如，宣传画、标语、早会，安全值班、岗位会议、安全作业会议（TBM），安全作业表彰。

② 是否有计划地持续实行安全教育？

③ 是否动员员工积极参加预防活动、危险预报活动和安全作业会议？

（4）对钻研、创造的指导。

① 工作时是否愿意抱着发现问题的态度？

② 是否努力去培养改进小组？

③ 合理化建议制度的执行效果如何？

④ 工作场所会议和安全作业会议是否经常召开？

2. 物的方面

物的方面主要关注仓库中的设备、环境及卫生 3 个方面的安全管理。

（1）机械电器设备、装置的安全化。

① 设备、机械、装置是否安全？

② 防护用具是否有好的性能？

③ 设备是否有安全装置？

④ 机械电器装置管理得如何？

例如，动力传导装置保护得如何？

吊车的安全管理做得如何？

装卸运输机械的维护管理做得如何？

电器设备、电动工具的安全使用及保养措施如何？

对可燃性气体以及其他的爆炸的防护措施如何？

排、换气装置是否有故障？

（2）作业环境条件的保持和改进。

① 工作场所的布局是否合理？

② 是否搞好了整理、整顿？

③ 放置方法是否合适？如高度、数量、位置等。

④ 地方是否合适？

⑤ 是否有好的保管方法？尤其是针对危险品、有害物品、重要物品、超长超大物品。

⑥ 地面有无油、水、凹凸不平的现象？

⑦ 亮度是否足够？

⑧ 温度是否适当？

⑨ 有害气体、水蒸气、粉尘是否在允许浓度范围内？

⑩ 防止噪声的措施如何？

⑪ 安全通道和场所是否有保证？

⑫ 安全标识是否科学？

⑬ 是否努力改进环境？

（3）安全卫生检查。

① 是否制订定期自主检查计划？

② 是否定期进行自主检查？

③ 作业开始前是否进行了检查？

④ 是否根据检查标准进行检查了？是否有检查表？检查日期、检查者、检查对象（机器）、检查部位（地方）、检查方法都是否正确？

⑤ 是否有判断标准？

⑥ 是否规定了检查及其负责人？

⑦ 是否改进了不良地方（部位）？

⑧ 是否保存检查记录？

3. 作业的方面

作业的方面的管理核心就是改进，通过对作业流程、作业人员及异常情况的关注，不断排除作业环节的安全风险。

（1）作业方面的改进。

① 是否抱着发现问题的态度在管理作业？

例如，需要力量大的作业，危险岗位的作业，长时间的紧张作业，有害健康的作业。

② 在作业方法上是否同下级商量？

③ 对不恰当的作业是否进行了改进？

④ 研究改进方案时是否把安全放在优先地位？

（2）适当安排作业者的工作。

① 是否有无资格（条件）者在做有危险的工作？

② 是否有中高年龄层的人从事高空作业的情况？

③ 是否有让经常发生事故者从事危险作业的情况？

④ 是否有让没有经验的人从事危险作业的情况？

⑤ 是否有让身体情况异常者工作的情况？

（3）发生异常情况时的措施。

① 是否努力及早发现异常情况？

② 是否规定异常时的处理措施标准？

③ 是否掌握异常及其处理方法？

④ 是否掌握非常情况下的停止方法？

⑤ 是否有非常情况下的躲避标准？

⑥ 下级是否掌握发生紧急情况时的处理方法（急救措施）？

⑦ 是否有事故的原因分析方法？

⑧ 是否保存了异常事故的记录？

2.6.3 仓库安全管理信息系统

智能时代的到来，以及计算机、网络技术的发展，为仓库安全管理提供了新的手段。通过搭建一套完善的仓库安全管理信息系统，可以将当下各自独立的系统功能整合，如防盗系统、环境控制系统等，从而形成一个一体化的自动管理系统。

目前，国内仓库安全管理信息系统的建设仍然较为落后，性能较差且不完备，需要大量人工操作且操作不便，甚至存在故障率高的问题。

因此，企业亟须搭建一套低成本、高性能、便于使用、功能完善的仓库安全管理信息系统。

1. 基本功能

在仓库安全管理中，其信息系统的基本功能应当包括门禁系统、环境监控系统、财务管理系统、报警控制系统和数据处理系统等。

在物联网技术的支撑下，借助音频、视频以及红外线、雷达、震动等传感器，信息系统可以实时监控仓库内开门、取物、检修等各种操作,如发现违反规则的操作,则可以立即发出警报,由人工核实。

具体而言,一套完善的仓库安全管理信息系统应当包含9大基本功能。

(1)实时测量和记录仓库温度和湿度,如超出既定范围即可发出警报。

(2)连接多类型的防区,如震动、雷达、红外线灯等类型。

(3)结合仓库结构图,当发出警报时,指出相应地点,并启动警号、灯光等报警设备,甚至自动拨号给主管人员。

(4)门禁系统能够自动记录开门时间和进入者身份。

(5)对钥匙拿取设置权限,并记录拿取钥匙的相关信息。

(6)自动记录交接班日志。

(7)自动记录仓库作业操作记录。

(8)可根据需求检索历史记录,并生成报表。

(9)可随时对权限、密码、传感器参数等数据进行更新。

2. 系统架构

仓库安全管理信息系统的架构主要分为6层,如图2.6-3所示。

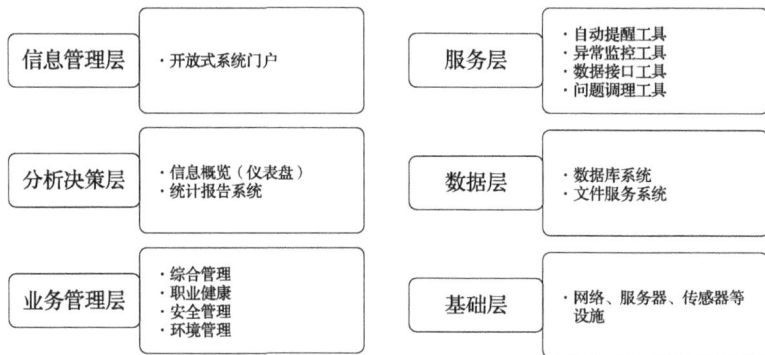

图2.6-3 仓库安全管理信息系统的架构

仓库安全管理信息系统应当采取结构化和面向对象的设计技术,根据仓库安全管理需求,设置功能相对独立的若干子模块,并根据作业需求灵活调整和授权。

需要注意的是，设计仓库安全管理信息系统时应当考虑操作便捷性，尽量将其设计得简单易学，方便员工上手。

2.7 仓库信息化管理

随着物资品种的不断增加，仓库管理的复杂性也随之提升，在传统的人工处理方式下，信息的处理效率低且出错高，这也是库存管理不善的主要原因之一。在信息时代，仓库必然需要走向信息化，借助各类信息化系统，推动仓库信息的整合与利用，最终打造出数据仓库与智能仓库，以提升仓库管理的效率。

2.7.1 仓库信息化系统的构建

仓库信息化系统，是集成仓库、物资、设施设备、人员、作业等要素的信息化管理系统，借助实物管理的信息化，提高管理效率，并兼顾管理系统的智能性和安全性。

1. 主要特征

在构建仓库信息化系统时，企业应当明确系统的主要特征。

（1）从全局出发。

构建仓库信息化系统时应从全局和总体层面出发，遵循企业战略，考虑企业的产品管理、仓储管理、销售管理、采购管理、配送管理及系统权限管理等各个系统，确保信息化系统可实现，且可与其他系统关联并形成整体。

（2）累积与共享。

仓库信息化系统应当具备信息累积与共享的功能，能够将各部门、各员工的关键信息存储在数据库中，并根据权限允许查阅、调用及共享。

（3）支持决策。

基于采集到的各类信息，仓库信息化系统应能够自动生成决策需要的各种分析结果，并提醒决策者查阅分析结果，如发生异常情况，则应及时发出警报。

（4）动态特性。

库存管理是一个动态的过程，因此，仓库信息化系统需要满足时效性和关联性的需求，当系统中某一信息要素发生变化时，其他信息要素应随之变化，并确保能向系统外部扩充和延伸。

2. 基本功能

仓库信息化系统以物流为基础，实现了物流、资金流、信息流和工作流的完美结合，因此，其基本功能也必然涵盖人、财、物、信息等要素，并形成一个有机运作的整体。

一般而言，仓库信息化系统的基本功能如表 2.7-1 所示。

表 2.7-1 仓库信息化系统的基本功能

序号	管理系统	基本功能
1	入库管理	入库数据录入、修改、删除、查询
2	出库管理	出库数据录入、修改、删除、查询
3	货位管理	资料输入、修改和删除，货位分配、调拨，自动租金结算、租期预警
4	货位查询	货位资料、状态、统计查询
5	库存控制	出、入库库存修改、库存量警报、生成库存报表
6	库存查询	每日、月库存查询、累积数据查询

随着信息技术的不断发展，各类仓库信息化系统也日趋完善。若企业自身缺乏信息化系统的构建能力，可以将其外包给第三方处理，但要注意的是，即使第三方具备足够资质，企业也应安排专人全程参与，确保系统功能满足企业需求。

2.7.2 仓库信息化的实施

仓库信息化系统是仓库信息化管理的重要组成部分，却并非全部。再完善的信息化系统，如果企业未能有效利用或妥善管理，系统也难以发挥预期效用。

因此，在实施仓库信息化的过程中，企业要注意 3 个方面的内容，如图 2.7-1 所示。

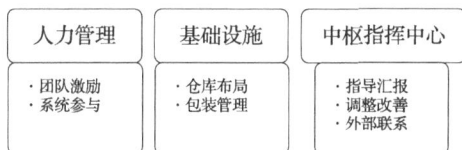

图 2.7-1 仓库信息化的实施

1. 优化人力管理

每每谈及仓库信息化管理，很多企业就将其等同于自动化管理，因此更加注重系统的搭建或设备的采购，其实，人工成本长期以来都是库存成本的重要组成部分，且无人仓储在短期内也难以普及。

因此，在构建仓库信息化系统之前，企业要审视自身的人力管理水平，对仓库管理团队进行有效激励，从而发挥团队的最大潜力。

在优化人力管理的同时，也可以让仓库员工参与信息化系统的构建过程，从而对信息化系统产生全面、深入的认知，推动仓库信息化的实施。

2. 完善基础设施

仓库信息化的过程中，需要引入各种机械化、自动化设备。此时，企业也要重新考虑仓库布局是否符合设备操作要求，避免设备、设施被引进后却无处安置，或为了安置设备而降低仓库利用率。

与此同时，想要实现真正的自动化操作，仓库管理也需要对物资包装进行统一，如尺寸、规格等，以便于自动化操作。此外，包装外还需贴上条形码或 RFID 标签，以实现自动化信息的读取、写入。

3. 建立中枢指挥中心

为了确保仓库信息化的有序推进，仓库内可以建立中枢指挥中心，作为仓库信息化的项目管理机构。其职责主要表现在3个方面。

（1）指导仓库信息化实施，报告信息化成果。

（2）对下一步计划进行调整和改善。

（3）与外部客户联系。

值得一提的是，由于仓库内存在太多的不确定因素，想要实现全盘自动化并不实际，因此，指挥中心的负责人应熟悉仓库内外业务，且能基于系统分析结果对仓库资源进行最佳配置。

2.7.3 数据仓库与智能仓库

仓库信息化的实施，必然以数据收集与分析为基础。也只有在建立数据仓库，使数据资产得以发挥效用之后，企业才能借助各种智能化手段，挖掘数据的价值，打造出真正的智能仓库。

1. 打造数据仓库

借助各种信息化系统，仓库的相关数据能够被收集，尤其是以下3个方面的数据。

（1）仓库数据。如历史仓库管理数据、仓库布局及利用率。

（2）物资数据。如库内物资的品种、数量数据，以及历史出入库情况。

（3）能力数据。如企业仓储能力和操作能力，以及人员绩效数据。

在收集数据之后，企业仍需学会运用数据。建立数学预测模型，以科学、客观地进行自我分析。通过完善的数学预测模型分析，对自身情况形成更加全面的认知，从而推动科学决策。

2. 建设智能仓库

数据的深度运用，离不开智能仓库的建设。借助各种智慧系统，如MES、WMS等，仓库信息化管理也能够上升到新的高度。

当然，智慧系统的应用和搭建同样需要投入大量成本，如果企业内各部门的智慧系统无法实现协同，投入的成本也难以发挥最大的效用。

因此，在建设智能仓库的过程中，企业应当通过调研分析、协商合作，搭建起覆盖业务全流程的智慧系统，让智慧系统真正能够提高企业运作效率。

具体而言，建设智能仓库的过程中必须注重 6 个方面的特性。

（1）工具性。管理所需的信息都由系统自动产生或由感知设备采集，如 RFID、Tag 标签等，借助这些信息采集和通信工具，智慧系统才能拥有完善的决策依据——数据。

（2）关联性。供应链内各成员企业，以及成员企业内各部门、系统、业务都应当处于高度关联中，从而形成相互关联、相互依存的智慧系统网络。

（3）智能化。让智慧系统参与仓库管理，甚至主导管理决策，从而优化决策过程、改善管理绩效。

（4）自动化。由自动化设备驱动业务流程，并取代低效率的其他手段，如人工操作等。

（5）整合性。支持供应链各参与者的协同合作，如联合决策、信息共享等。

（6）创新性。持续推动智慧系统的迭代升级，推动仓库信息化管理的创新发展，以满足企业价值诉求。

2.8　仓库 6S 管理

"安全始于整理整顿，终于整理整顿。""整理"与"整顿"开启了精益管理的大门，经过半个多世纪的发展，精益管理也从 5S 走到了 6S，并在全球范围内得到广泛认可。6S 管理之于企业管理的重要性不言而喻，在仓库管理中的效用也同样值得重视。

2.8.1 整理仓库

因为不整理而产生的浪费，往往会在日常管理中被忽视，日积月累，其造成的浪费足以损害企业竞争力。

整理（Seiri）的核心内容是区分必要物和不要物，并对不要物进行及时处理。整理的具体内容如图 2.8-1 所示。

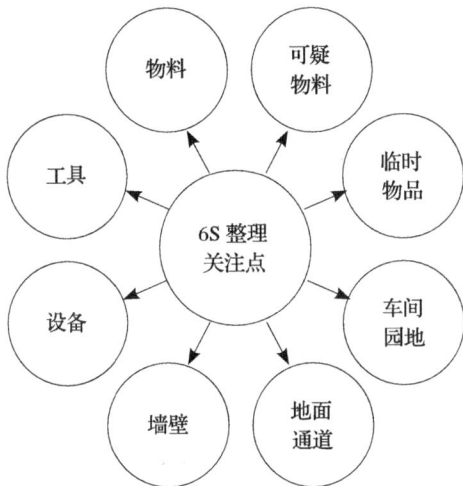

图 2.8-1　整理的具体内容

整理是永无止境的过程，时时刻刻都要进行，不能在开展活动时为了应付检查而突击整理，做做样子，活动过后又恢复原样，这就失去了整理的意义。

仓库 6S 管理的整理，要达到重点区分的效果，需要的留下，不需要的坚决清理。

1. 6S 整理的步骤

6S 整理主要分为 5 个步骤进行。

（1）工作场所（范围）全面检查，包括看得到的和看不到的。

（2）制定"要"和"不要"的判别基准。

（3）"不要"的物品的清除。

（4）调查"要的"物品的使用频率，决定日常用量。

（5）每日自我检查。

2. "要"和"不要"

6S 整理的核心是正确区分和处理"要"和"不要"。

（1）"要"的物品。

"要"的物品是必需品，是指经常使用的物品，如果没有它，就必须购入替代品，否则会影响正常工作。如必要的物料、设备、作业工具等。

（2）"不要"的物品。

"不要"的物品是非必需品，可分为两种。

① 使用周期较长的物品，如 1 个月、3 个月甚至半年才使用一次的物品，如设备的润滑油等。

② 对生产无作用的，需要报废的物品。如报废的工具、水杯或过期的物料等。

（3）处理方法。

"要"的物品（必需品）和"不要"的物品（非必需品）的区分与处理方法如表 2.8-1 所示。

表 2.8-1　必需品与非必需品的区分与处理方法

类别	使用频率	处理方法	备注
必需品	每小时	放工作台上或随身携带	
	每天	现场存放（工作台附近）	
	每周	现场存放	

续表

类别	使用频率		处理方法	备注
非必需品	每月		仓库存储	定期检查
	3 个月		仓库存储	定期检查
	半年		仓库存储	定期检查
	1 年		仓库存储（封存）	定期检查
	2 年		仓库存储（封存）	定期检查
	未定	仓库存储	仓库存储	定期检查
		不需要使用	变卖或废弃	定期检查
	不能用		变卖或废弃	定期检查

3. 整理仓库的内容

具体到仓库场景下，6S 整理主要包含 12 点内容。

（1）呆滞物料应按规定日期申报处理。

（2）报废物品、有价废料应定期处理。

（3）漆包线、卷线应按规格、型号、产地、购进时间分类储存。

（4）内引线、标签等物品应存放在便于查找的位置。

（5）纸箱、泡沫箱等材料应摆放整齐，剩余的纸隔板应定期处理。

（6）客供物料应有专门的区域存放。

（7）通道应畅通，整体应整洁有序。

（8）文件、各种单据应分类按序摆放。

（9）垃圾桶、清洁用具应按规划区域摆放。

（10）待检、呆滞物料、报废品、废料分区域放置。

（11）退货产品与合格产品应分区摆放。

（12）退货产品与退货附件应定期处理。

2.8.2　整顿仓库

整顿（Seiton）的内涵是将"要"的东西依规定定位、定量摆放整齐，明确标识。

通过 6S 整顿，企业要实现的就是任何人马上就能拿到"要"的东西。

对此，企业可以从寻找开始，对企业现状进行检验，如图 2.8-2 所示。

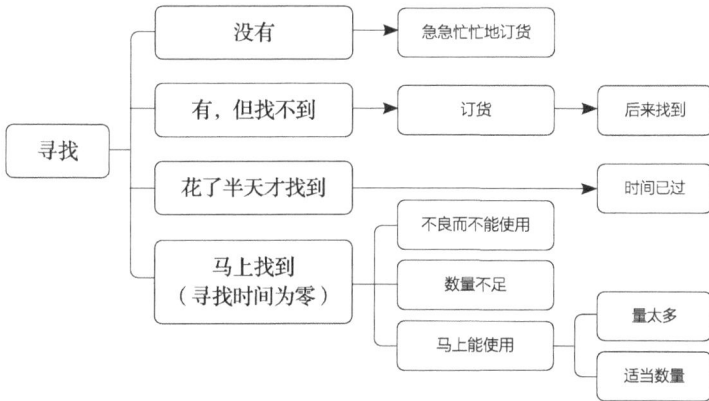

图 2.8-2　寻找与整顿

整顿的核心内容是通过定置管理等工具，确保企业成员可以马上找到所需数量的物品，且马上就能使用。

整顿的推行必须遵循一定的流程。整体说来，整顿的 6 个步骤是缺一不可的，如图 2.8-3 所示。

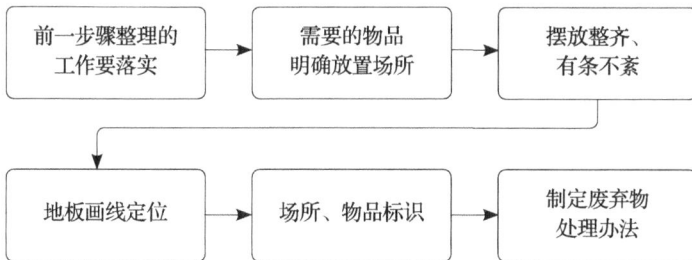

图 2.8-3　整顿的推行步骤

需要注意的是，整顿必须在整理的基础上进行，如果整理工作没有结束，对"不要"的物品进行整顿就是人力的浪费。

1. 整顿的对象

整顿的对象是所有物品，但在实施过程中，企业要区分轻重缓急，对重点对象进行优先整顿。

（1）寻找起来费时费力的物品。

整顿就是为了能够立即取出所需物品。现在要花很多时间去寻找的物品，通过整顿就会明显减少所花时间，所以要优先对其进行整顿。

（2）在品质方面有待加强的物品。

有些物品虽然不需要花太多时间寻找，但稍不注意就会拿错。在生产过程中发现问题倒也无妨，但如果产品流到客户手中就会出现质量投诉，影响公司的信誉。发生事故的话将带来重大社会影响，危及公司的生存。

（3）存在安全隐患的物品。

超重、超长、锋利的物品在安全上存在隐患，必须优先进行整顿。

2. 整顿的原则

在整顿的推行过程中，除了注重以上的步骤外，有两个重要的原则要遵循。

（1）"三定"原则。

所谓的"三定"原则，即定位、定容、定量，如图2.8-4所示。

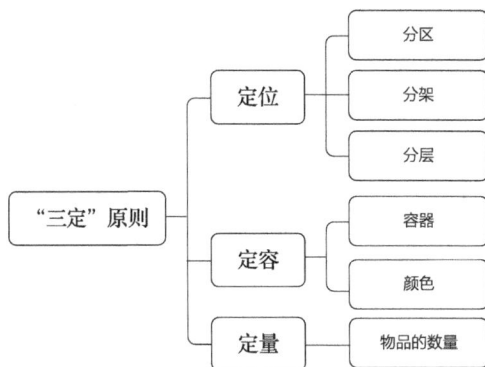

```
                              ┌─ 分区
                    ┌─ 定位 ──┼─ 分架
                    │         └─ 分层
"三定"原则 ─────────┼─ 定容 ──┬─ 容器
                    │         └─ 颜色
                    └─ 定量 ─── 物品的数量
```

图2.8-4 "三定"原则

① 定位。即材料、成品等以分区、分架、分层来定位。

② 定容。即选定容器及颜色。各种物品、材料的规格不一，要用不同的

容器来装载，如工装架；采用统一的颜色进行区分、划线、标识很重要，否则会造成混乱。

③定量。即明确在每一定置区存放物品的数量，很多人认为有定置区和定置线就完事了，这是不对的。原则是在能满足需求和考虑经济成本的前提下物品数量越少越好。

（2）"三要素"。

①放置场所。即物品的放置场所要 100% 符合"三定"原则，生产线附近只能放真正需要的物品。

②放置方法。易取，不超出规定的范围。

③标识方法。放置场所和物品要符合一对一原则，设置区域标识和状态标识等，在标识方法上多下功夫（如易更换）。

3. 整顿仓库的内容

具体而言，整顿仓库主要包含 12 点内容。

（1）制作物品摆放定置管理图，并标明责任人。

（2）产品、物料分类摆放并有标识，且物、账应一致。

（3）物品应设置最高库存量与最底库存量。

（4）主料、辅料、杂料、包装材料、危险物品应分开定位放置。

（5）账卡物应一致，卡应悬挂在物品放置处。

（6）环氧树脂、氧气、氨气、油类等危险品应放在特定场所。

（7）对一时无法存放于库房的物料，应设置"暂放"标牌。

（8）物料存放区域应符合定置管理图要求。

（9）产品物料直列放置不应超过 1.5 米（纸箱、泡沫板除外）。

（10）常用物料应便于领用和存放。

（11）物料应按"分类储存管理"储存。

（12）进出仓记录应按规定操作。

此外，整顿仓库时还要特别留意物品放置和物品标识，其注意点如表 2.8-2 所示。

表 2.8-2　物品放置的注意点和物品标识的注意点

注意事项	注意点
物品放置的注意点	物品按功能或按种类放置
	可采用架式、箱内、悬吊等方式放置物品
	尽量立体放置，充分利用空间
	应便于物品取放
	在规定区域放置
	库房内物品的堆放高度应有限制，一般不超过 1.2 米
	容易损坏的物品要分隔或加垫保管，防止碰撞
	做好防潮、防尘、防锈措施
物品标识的注意点	采用不同颜色的油漆、胶带划分区域
	在放置场所标明摆放的物品
	在摆放物体上进行标识
	根据工作需要灵活采用各种标识方法
	标签要内容明确，一目了然
	某些物品要注明储存、搬运注意事项和保养时间、方法
	暂放物品应挂"暂放"标牌，指明管理责任者、时间跨度
	标识 100% 实施

2.8.3　开展清扫活动

清扫（Seiso）就是使工作现场处于没有垃圾、没有污脏的状态，虽然已经整理、整顿过，"要"的东西马上就能取到，但是被取出的东西要处于能被正常使用的状态才行。达成这样的状态就是清扫的第一目的，尤其在目前强调高品质、高附加价值产品的制造的情况下，更不容许有垃圾或灰尘污染产品。

清扫的重点是自觉保持工作场所干净、整洁，并防止污染的发生。

1. 6S 清扫的步骤

即使没有推行 6S 管理的企业，在现场管理中，也都会进行一般意义上的清扫工作，如图 2.8-5 所示。

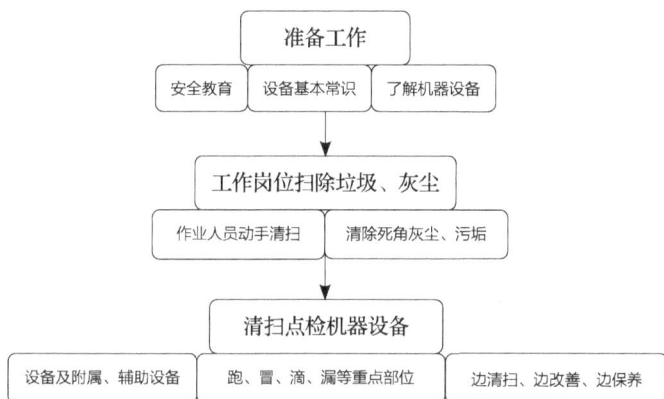

图 2.8-5　一般清扫步骤

即使是在一般清扫层面，很多企业仍然无法做到极致。尤其是在一些企业中，清扫大多由专门的清扫人员处理，作业人员甚至不会自己动手，而清扫人员也无法真正发现现场存在的问题。

因此，企业在进行 6S 清扫工作时，首先要完成一般的清扫工作，由作业人员动手清扫。在这个基础上，企业才能借助 6S 清扫，发现问题并及时处理问题，维护设备并提高性能、减少工业伤害。6S 清扫步骤如图 2.8-6 所示。

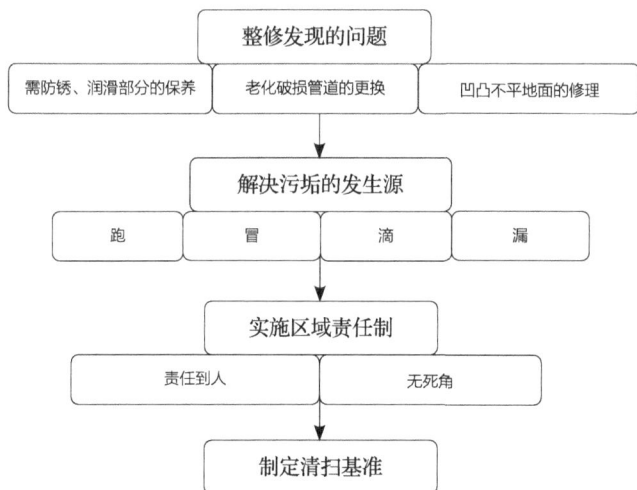

图 2.8-6　6S 清扫步骤

2. 清扫仓库

仓库的 6S 清扫一般包含 3 方面的内容。

（1）材料不应脏污、附有灰尘。

（2）墙壁、天花板应保持干净，地面应保持无灰尘、纸屑、水渍。

（3）计算机、电话、电风扇、灯管、物料等表面应无灰尘。

具体而言，根据仓库管理的需求，企业可以制作仓库 6S 清扫要点和要求，并对清扫情况进行检查，具体内容见表 2.8-3 和表 2.8-4。

表 2.8-3　仓库 6S 清扫要点与要求

项目	清扫部位	清扫周期	要求	___年___月					
				1	2	3	4	…	31
机器设备	内外部污垢	停机时	眼观干净，手摸无灰尘						
	周边环境		地面无明显废屑；对正在生产的设备，地面不能有两种材料的废屑（未生产的材料废屑明显）						
地面	表面	每天	保持清洁，无污垢、碎屑、积水等						
	通道		无堆放物，保持通畅						
	摆放物品		定位，无杂物，摆放整齐，无压线						
	清洁用具		归位摆放整齐，保持用品本身干净						
墙或天花板	墙面	每天	干净，无蜘蛛网，所挂物品无灰尘						
	消防		灭火器指针在绿色区域，有定期点检						
	开关、照明		部门人员清楚每一个开关所控制的照明和设备；标识清楚，干净无积尘，下班时关闭电源						
	门窗		玻璃干净，门及玻璃无破损，框架无积尘						
	公告栏	1次/周	无灰尘，内容及时更新						
	天花板	有脏污时	保持清洁，无蛛网、无脱落						

续表

项目	清扫部位	清扫周期	要求	_____年___月					
				1	2	3	4	…	31
工作台、办公桌	桌面	每天	摆放整齐、干净，无多余垫压物						
	抽屉		物品分类存放，整齐清洁，公私物品分开放置						
	座椅、文件		及时归位，文件架分类标识清楚						
箱或柜	表面		眼观干净，手摸无尘，无非必需品						
	内部		分类摆放、整齐、清洁						
茶桌	茶杯或茶瓶		摆放整齐，茶瓶表面干净、无污渍						
	表面		保持清洁，无污垢、积水等						
工具设备	表面		不使用时，归位放置，摆放整齐、稳固，无积尘、无杂物，放在设备上的物品要整齐						
组长或区域负责人签字：									

注：

（1）每天上午 9:00 由值日员工确认，合格在相应栏内画"〇"，不合格应立即整改；不能立即整改的，先画"△"，待整改后画"〇"。

（2）每天上午 9:00 以后，区域负责人检查确认（生产车间由组长检查确认），并在确认栏签字，将检查情况记入 6S 个人考核记录表。

（3）每天 6S 主任和副主任对各区进行不定时的检查，对不合格项目按评分表进行扣分。

（4）各区域负责人要监督、管理好所管辖区域的 6S 状况，确保所辖区域的清洁，及时制止非本部门的同事在本区域内出现等不符合 6S 的情况。

表2.8-4　清扫检查表

部门：　　　　　　　　　　　　　　检查者：　　　　　　　　　　　　　日期：

分类	序号	检查点	检查		对策（完成日期）
			是	否	
库存品	1	是否清除与成品或零件、材料有关的碎屑或灰尘			
	2	是否清除切削或洗净零件所产生的污锈			
	3	是否清除库存品保管棚架上的污物			
	4	是否清除半成品放置场的污物			
	5	是否清除库存品、半成品的移动用栈板上的污物			
设备	1	是否清除机器设备周边的灰尘、油污			
	2	是否清除机器设备下的水、油和垃圾			
	3	是否清除机器设备上的灰尘、污垢、油污			
	4	是否清除机器设备侧面或控制板套盖上的油垢、污迹			
	5	是否清除油量显示或压力表等玻璃上的污物			
	6	是否将所有的套盖打开，清除其中的污物或灰尘			
	7	是否清除附着于气压管、电线上的尘埃、垃圾			
	8	是否清除开关上的灰尘、油垢等			
	9	是否清除附着于灯管上的灰尘（使用软布）			
	10	是否清除断差面的油垢或灰尘（使用湿抹布）			
	11	是否清除附着于刀具、治具上的灰尘			
	12	是否清除模具上的油垢			
	13	是否清除测定器上的灰尘			

续表

分类	序号	检查点	检查		对策（完成日期）
			是	否	
空间	1	是否清除地板或通道上的沙、土、灰尘等			
	2	是否除去地板或通道上的积水或油污			
	3	是否清除墙壁、窗户等上面的灰尘或污垢			
	4	是否清除窗户玻璃上的污迹、灰尘			
	5	是否清除天花板或梁柱上的灰尘、污垢			
	6	是否清除照明器具（灯泡、日光灯）上的灰尘			
	7	是否清除照明器具盖罩上的灰尘			
	8	是否清除棚架或作业台等上面的灰尘			
	9	是否清除楼梯上的油污、灰尘、垃圾			
	10	是否清除梁柱上、墙壁上、角落等处的灰尘、垃圾			
	11	是否清除建筑物周围的垃圾、空瓶			
	12	是否使用清洁剂将外墙的污渍加以清洗			
		合计			
		综合结论：			

2.8.4 开展清洁活动

简单而言，清洁（Seiketsu）就是将前面 3S 的实施制度化、规范化，从而维持 3S 管理的实施效果，并通过持续优化达到更好的效果。6S 清洁的推行步骤如图 2.8-7 所示。

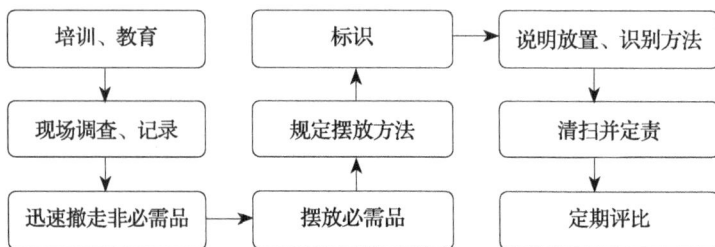

图 2.8-7　6S 清洁的推行步骤

具体而言，清洁仓库的要点主要有以下 3 个环节。

1. 制定"清洁"手册

整理、整顿、清扫的最终结果是形成清洁的作业环境。要做到这一点，动员全体员工参加整理、整顿是非常重要的，所有的人都要清楚应该干些什么，在此基础上将大家都认可的各项应做工作和应保持的状态汇集成文，形成专门的手册，从而达到确认的目的。

清洁手册要明确以下 6 点内容。

（1）仓库地面的清洁程序、方法和清扫后的状态。

（2）确立区域和界线，规定完成后的状态。

（3）设备的清扫、检查的进程和完成后的状态。

（4）设备的动力部分、传动部分等部位的清扫、检查进程及完成后的状态。

（5）仓库的清扫计划和责任者。

（6）规定清扫实施后及日常的检查方法。

2. 明确"清洁"状态

所谓清洁的状态，它包含 3 个要素，即干净、高效、安全。

在开始时，要对"清洁度"进行检查，制定详细的检查表，以明确"清洁的状态"，其内容主要包括 6 点。

（1）地面的清洁状态。

（2）窗户和墙壁的清洁状态。

（3）操作台上的清洁状态。

（4）工具和工装的清洁状态。

（5）设备的清洁状态。

（6）货架和放置物资的场所的清洁状态。

只有明确了清洁的状态之后，才可以进行清洁检查。

3. 定期检查

比保持清洁更重要的是保持场地高效率作业。为此，不仅要在日常的工作中进行检查，还要定期进行检查。虽然检查对象和检查表中的检查对象相同，但是检查内容不仅包括"清洁度"，还包括"高效的程度"。效率是定期检查的要点，这同样需要制定检查表。

检查时，要求现场的图表和指示牌设置位置合适；提示的内容合适；安置的位置和方法有利于现场高效率运作；现场的物品数量合适，没有不需要的物品。

维持前 3S（整理、整顿、清扫）的成果，为标准化、制度化、规范化奠定基础，并在此基础上，通过持续改善环境，使精益 6S 管理活动成为惯例和制度，形成积极向上的企业文化。

2.8.5　开展安全活动

安全（Safety）也是生产力，安全第一，预防为主，培养员工的安全意识，强化对各种不安全的人为因素、物为因素的预知、预防，并彻底消除各种不安全因素，创造一个安全、健康、舒适的工作环境，增加客户对企业的信心。

6S 安全是指消除各种隐患，排除各种险情，预防各种事故的发生，保障员工的人身安全，保证安全生产，减少意外事故造成的财产损失。

安全对所有行业都非常重要，只有保证安全才能保证项目的实施，才能为企业创造效益。

安全的核心内涵是人身不受伤害，环境没有危险。

1. 防止发生安全事故

防止发生安全事故的重点主要有两点，即消除不安全的行为和不安全的状态。

（1）不安全的行为。

主要指员工工作中可能造成安全事故的行为。

① 无视安全规则的作业行为。

② 穿着不整齐的服装。

③ 在不能确认安全的情况下进行作业。

④ 对物品进行粗暴处理，使用违规方法搬运物品。

⑤ 不按照作业标准进行作业。

⑥ 在工作中注意力不集中、嬉戏等。

（2）不安全的状态。

主要指工作现场中可能存在的安全隐患。

① 整理、整顿不规范。

② 清洁工具、器具等不安全。

③ 缺少必要的安全装置或安全装置损坏。

④ 照明不良，没有栏杆或扶手。

⑤ 没有采取防护措施处理有害物品。

2. 做好事前控制

在对待安全问题时，企业始终要明确：事后控制不如事中控制，事中控制不如事前控制。

很多企业直到安全事故发生时，才寻求弥补措施，但此时，安全事故已经对企业造成重大损失，再完善的事后控制也只能控制损失，而不能挽回损失。

（1）做好安全识别。

危险源是指可能导致人员受伤害或得疾病、物质财产损失、工作环境被破坏或这些情况组合的根源或状态因素。

如化学品类的有毒害性、易燃易爆性、腐蚀性等的危险物品，特种设备类的电梯、起重机械、锅炉、压力容器（含气瓶）、压力管道等都是危险源。

通过技术控制（如消除、隔离）、员工行为控制（如安全培训、安全操作）、管理控制（如安全检查、责任人制度）等可以有效控制危险源。

在日常运营管理中，企业始终要强调：安全无小事！任何与安全相关的事务，都应当给予最高优先级，尽快予以处理，并给予发现者相应奖励，责任人则应受相应惩罚。

（2）明确安全要点。

为此，企业在开展安全活动时必须明确这些要点。

① 操作前思考 30 秒。

② 按操作规范进行作业。

③ 按要求穿戴劳保用品。

④ 作业前确认工作环境是否安全。

⑤ 遇到警示标识要按提示行事。

⑥ 了解生产现场所有危险源。

⑦ 了解生产现场逃生通道及消防用品位置。

⑧ 爱护公共物品。

⑨ 员工应遵守公司的保密制度，确保公司各种资料的安全。

在各行各业的现场管理中，安全防范措施各有不同。无论如何，企业要认识到，安全生产是企业现场管理的基本要求。企业必须始终坚持事前控制、预防为主，并建立健全安全生产保障体系，对劳动纪律、工艺纪律、环境清洁等问题制定明确的规范。

2.8.6 开展仓库人员素养活动

开展素养（Shitsuke）活动的本意是让部门内人人依规定行事，养成好习惯。

素养，是对自身的高要求。在实施过程中，只有通过持续不断地教育，才能真正引导员工养成良好习惯。

开展素养活动的目的是提升"人的品质"，培养对任何工作都认真、负责的人。

一切活动都靠人来开展，假如人缺乏遵守规则的习惯，或者缺乏自我管理的精神，推行 6S 管理易流于形式，不易持续。

前 5S 是基本活动，也是手段，其能使员工在无形中养成一种保持整洁的习惯。要推行素养活动，也必然需要经历"制度化→行动化→习惯化"的过程，如图 2.8-8 所示。

制度化 → 行动化 → 习惯化

图 2.8-8　素养活动推行步骤

素养不仅是 6S 管理的"最终结果"，也是企业经营者和各级主管期望的"最终目的"。如果企业的每一位员工都有良好的习惯，并且都能遵守规章制度，那么工作要求的贯彻、现场工艺纪律的执行、各项管理工作的推进，都将很容易被落实，并取得成效。

在开展仓库人员素养活动时，主要进行以下 6 个方面的内容。

1. 建立共同遵守的规章制度

6S 管理中，共同遵守的规章制度主要有 5 点。

（1）厂规厂纪。

（2）各项现场作业标准。

（3）生产过程工序控制要点和重点。

（4）安全卫生守则。

（5）服装仪容规定。

2. 6S 管理将各种规章制度目视化

目视化可以让规章制度一目了然。规章制度目视化分为 4 步进行。

（1）订成管理手册。

（2）制成图表。

（3）做成标语、看板。

（4）制成卡片。

3. 实施各种教育培训

企业通过以下各种教育培训使员工形成 6S 管理理念。

（1）对新进人员讲解各种规章制度。

（2）对老员工进行新规章制度的讲解。

（3）各部门利用早会、晚会时间进行 6S 管理教育。

4. 及时纠正下属的违规行为

一旦发现下属有违规行为，主管要当场予以指正。否则，下属有可能会一错再错，或把违规行为当作"允许的行为"而继续做下去。

5. 违规者必须立即改正

违规者必须立即改正或者限时改正错误行为。违规者改正错误行为之后，主管必须再做检查，直到其完全合格为止。

6. 开展各种精神向上的活动

在企业中开展各种精神向上的活动，以调动员工积极性。这些活动如下。

（1）早会、晚会。

（2）方针、政策和目标的制定。

（3）职业礼仪活动。

（4）可帮助企业员工自主改善的活动。

需要强调的是，很多企业的早会制度普遍受到员工诟病，如形式主义、"打鸡血"等。其实，早会制度的有效实施，能够帮助全员集中精神、转换心境，并迅速进入工作状态；早会也是传达上级精神的重要方式，有助于进行工作动员、改善内部关系。

因此，企业应当充分利用早会时间，发挥早会制度应有的作用。

例如，早会在工作日上午上班铃响后开始，时间控制在 10 分钟之内，并要注意如下内容。

① 全体员工都应表现出坦诚提出意见的意愿。

② 不批评、评价他人的提案。

③ 主张和争议应表里一致，说明时应将心里的想法准确表述。

④ 有关早会的方式，若有异议，如有新方法或不同的构想，可随时提出来。

⑤ 早会记录于次月四号前上交管理部，作为 6S 考核评分依据之一。

第 3 章

智能时代的物流运营与管理策略及方法

响应能力的提升，已经成为供应链应对市场变革的必经之路。在精益生产逐渐成为常态的当下，物流成为供应链降本增效的一大限制因素。

智能时代的物流运营与管理，亟须摆脱传统模式。企业必须对物流成本管理、运输管理形成更加深入的认知，并针对不同的物流需求，采取物流外包、配送中心、信息管理等多种策略与方法，增强供应链的物流能力，进而提升供应链的响应能力。

3.1 物流成本管理

面对增长回落、成本高涨、经营环境收紧、国际竞争格局逆转等系统性及非系统性风险，市场对供应链响应速度的要求越来越高。物流成本成为限制供应链效率提升的关键因素。

随着智能时代的到来，信息化、自动化、智能化为物流管理提供了新的手段，但这些手段的核心自然是物流成本管理。

例如，上海通用就将供应链物流做到了极致。

除了一套完整的供应链物流机制之外，上海通用也在不断优化供应链物流细节，力争将响应优势和成本优势继续扩大。

在很多企业当中，用量很少的零部件通常由多家供应商分别供应，这就导致了货车运力的浪费，耗费了大量的物流成本。对此，有些企业采取集中采购的方式购买零部件，而这又会导致库存压力的增加。

对这样的问题，上海通用使用了"牛奶圈"的技巧。在采购用量很少的零部件时，上海通用如送牛奶一般，安排一辆空车，按照既定路线经过各家供应商，装上相应的采购物料，再集中送回。这样的物流技巧，既提高了采购效率，又避免了物流成本的浪费。

借助这样的技巧，上海通用的零部件物流成本下降了30%以上。这些节省下来的成本被投入企业的核心业务当中，带动了供应链核心竞争力的提升。

物流成本管理的核心理念是精益物流，推行精益物流是为了在准确的时间内，把准确数量、准确包装的合格的零部件、成品等配送到准确的地点，以保证生产高效进行，并消除物流环节的浪费。精益物流应消除的八大浪费如图 3.1-1 所示。

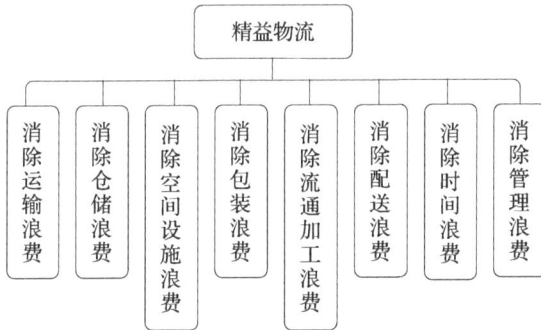

图 3.1-1　精益物流应消除的八大浪费

物流成本管理之所以成为供应链管理中的重要环节，是因为物流的浪费问题广泛存在于诸多企业当中。很多企业甚至未能对供应链物流产生明确的认知，在这种情况下，精益物流也就无从谈起。

相比传统物流，精益物流的基本任务是：确保各类物料适时、适量、适价地供应和保证物料齐备成套、经济合理，在此基础上，通过对供应链物流活动的科学组织与管理，借助现代物流技术，实现物料合理流动、加速资金周转，在降低物流成本、消除物流浪费的同时，增强企业的核心竞争力。

3.1.1　物流成本管理的内容

在不同行业、不同企业，由于生产工艺、生产模式、供应链模式都有所区别，所以即使在批量物流、订单物流、准时物流等三大模式下，供应链中的物流也呈现出各种各样的形式。但总体而言，供应链物流的基本内容大体相同，如图 3.1-2 所示。

活动层　　　　　　　管理层

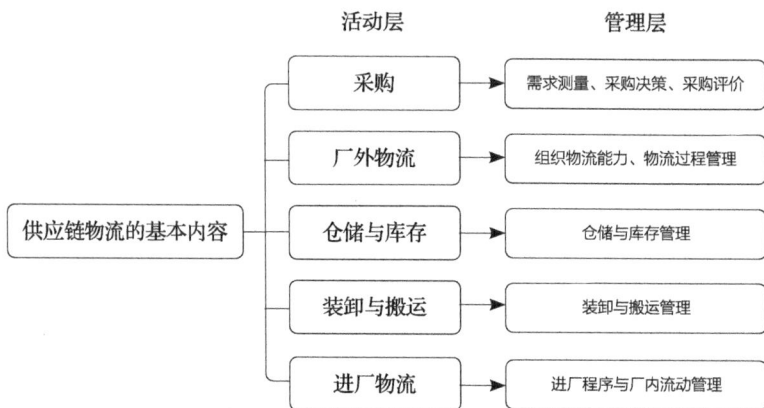

图 3.1-2　供应链物流的基本内容

明确供应链物流的内容之后，物流成本的主要内容也得以确定。

1. 物流成本的内容

物流成本是指物流活动中消耗的物化劳动和活劳动的货币表现。具体而言，其是指在企业产品运动过程中，如包装、搬运装卸、运输、储存、流通加工等各个活动中支出的人力、物力和财力的总和。在智能时代，物流成本还应当包含信息数据、软件使用等产生的成本。由于所考虑的费用范围不同，物流成本会产生各种广义、狭义的概念。

（1）狭义物流成本，仅将生产厂家向外部支付的物流费用算作物流成本。

（2）生产企业的狭义物流成本。在狭义物流成本的基础上，加上企业内消费掉的物流费用，则是一般的生产企业的狭义物流成本。

（3）生产企业的广义物流成本。在生产企业的狭义物流成本的基础上，将材料的物流费用包括进来，就形成了生产企业的广义物流成本。

（4）广义物流成本。除生产企业的广义物流成本外，再将销售的费用包括进来，就是广义物流成本。

2. 物流成本的构成

企业物流成本的构成成分非常复杂，需要从不同的维度进行区分。只有分清物流成本的构成，才能找到控制和降低物流成本的措施。

（1）流通企业物流成本的构成。

按照权威的说法，流通企业物流成本是指在组织物品的购进、运输、保管、销售等一系列活动中所耗费的人力、物力和财力的货币表现。

其基本构成如图 3.1-3 所示。

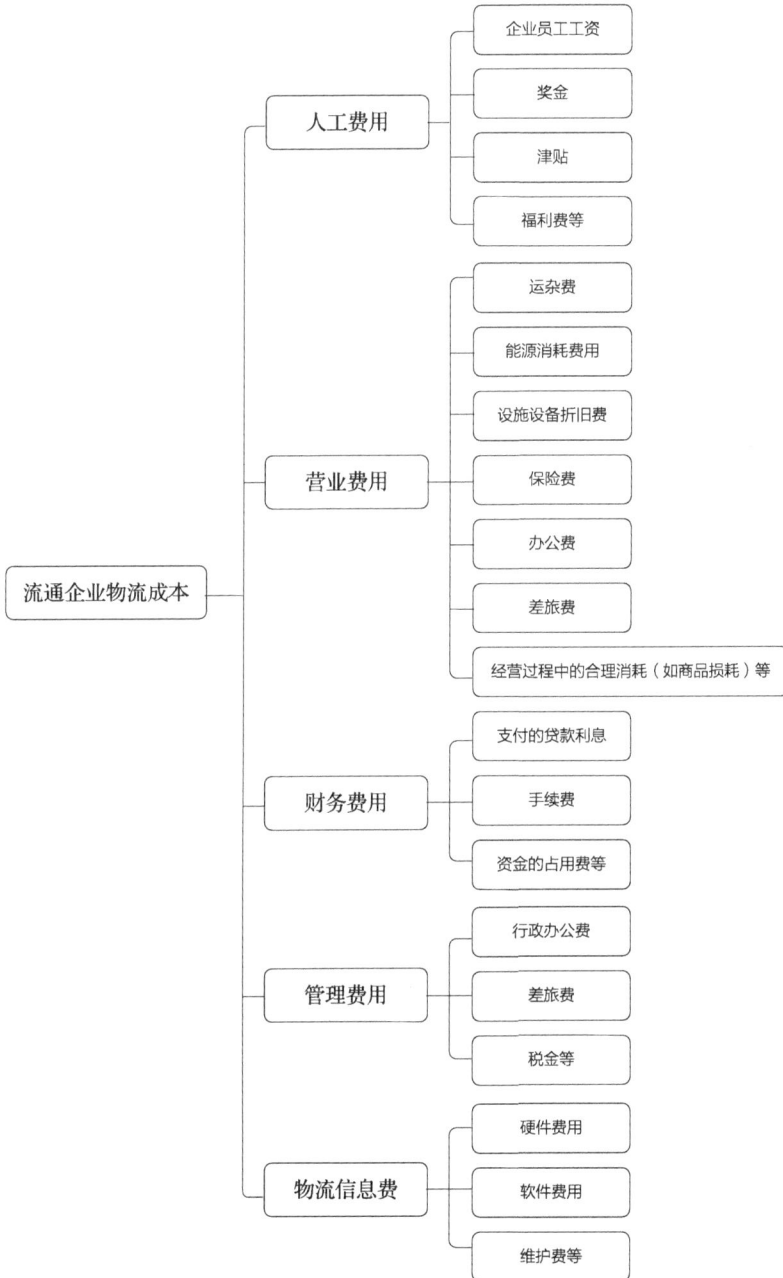

图 3.1-3 流通企业物流成本的构成

（2）生产企业物流成本的构成。

生产企业主要生产满足市场需求的各种产品。为了进行生产活动，生产企业必须同时进行有关生产要素的购进和产品的销售，此外，为保证产品质量，并为消费者服务，生产企业还要进行产品的返修和废物的回收。

因此，生产企业的物流成本是指企业在进行供应、生产、销售、回收等过程中所发生的运输、包装、保管、配送、回收方面的成本。与流通企业相比，生产企业的物流成本大多体现在所生产的产品成本之中，具有与产品成本的不可分割性。其物流成本的基本构成如图 3.1-4 所示。

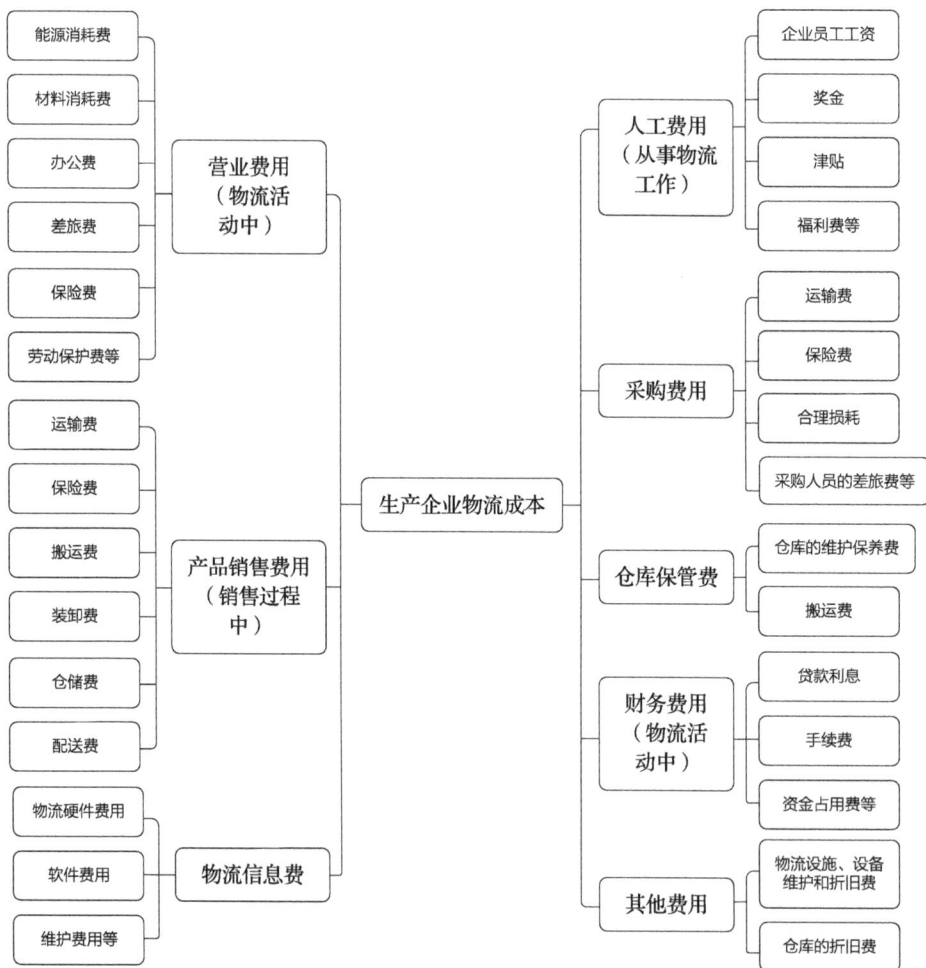

图 3.1-4　生产企业物流成本的构成

3．其他的分解方法

当然，除了通过以上的标准对物流成本进行分解和分析外，实际管理中还可从以下维度对物流成本管理进行解析。

（1）按照物流功能范围进行分解，可以把物流成本分为运输成本、流通加工成本、配送成本、包装成本、装卸与搬运成本、仓储成本、物流信息技术相关成本等。

（2）按照物流活动范围进行分解，可以把物流成本分为采购物流费、企业内物流费、销售物流费、回收物流费、废弃物物流费等。

不同的分类方法有不同的侧重点和价值，企业可以根据自身情况选择并改造，这样才能控制物流成本，增强企业自身竞争力。

3.1.2 物流作业成本控制措施

物流成本是企业在物流方面费用的总称，其在企业乃至供应链成本控制中有着举足轻重的作用。据统计，在整个产品成本的构成中，物流成本占比高达 20%~30%。

长期以来，物流成本分散在运输、保管、搬运、包装、信息传递等各个环节。因此，企业必须立足于物流成本控制原则，针对物流的每个作业环节，采取相应的作业成本控制措施。

与传统的成本管理方式不同，作业成本导向法是一种基于作业的成本管理方式。利用作业成本导向法能够对作业成本进行更加精准的定量管理。

作业成本导向法的指导思想是：作业消耗资源，产品消耗作业。作业成本导向法是以作业为核算对象，通过成本动因来确认和计量作业量，进而以作业量为基础分配间接费用的成本计算方法。在作业成本导向法下，成本分配主要基于资源耗用的因果关系：根据作业活动耗用资源的情况，将资源耗费分配给作业；再依照产品或服务消耗作业的情况，把作业成本分配给成本对象。

1. 物流成本控制原则

物流成本控制是指在保证企业有序运营的前提下，采取不断降低库存、缩短物料流动周期等手段降低物流成本。

在这一过程中，也必然会暴露生产中本就存在但被掩盖的问题。对此，企业全体员工应本着精益思想，对暴露出的问题加以改进，从而推动整个物流管理体系的改善。

为此，企业必须遵循物流成本控制的 3 个原则，如图 3.1-5 所示。

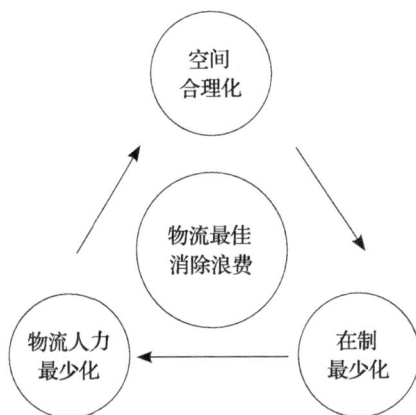

图 3.1-5　物流成本控制的 3 个原则

（1）空间合理化。

精益思想的另一个关键点是：通过消除流程中的浪费，使物料保持流动，以避免因在队伍、过道中等待而造成浪费。而要实现这一点，企业就必须关注企业内各要素的合理布局，包括各种设备、装置的布局。

只有合理的空间布局，才能推动成本的有效控制，其意义在于以下 5 点。

① 高效利用空间、设备及劳动力。

② 提高信息、物料、劳动力的流动速度。

③ 提高员工的士气。

④ 改进与客户的接触方式。

⑤ 提高灵活性。

（2）物流人力最少化。

随着生产技术的不断发展，生产机械化已经普遍实现。但在信息时代，物流效率的提升，离不开更强的承重能力、更多的工作时间、更少的工作损害，而相比人工操作，自动化、智能化的操作方式具有明显优势。

尤其是在人工智能高速发展的当下，随着物流机器人、物联网等新型技术的应用，以及物流运输大型化、托盘化的发展，物流人力最少化也成为物流成本控制的必要原则。

（3）在制最少化。

智慧供应链的一个重要内容就是提升物料、货物的流通速度，而这就需要让物料、货物停留的节点最少，并尽可能缩短物流路径和仓储时间，从而实现物流的快速进行。

2. 物流作业成本控制

基于物流成本控制的基本原则，当企业掌握了物流成本的控制要点，仍需明确的是，物流广泛参与供应链运营管理的各个环节，而每个作业环节的物流成本控制措施也有所区别。

因此，在制定物流成本的控制策略时，企业应针对不同作业环节进行区分，如采购物流、生产物流、销售物流等。

（1）采购物流成本的控制策略。

① 制定定额。采购物流成本控制的核心要点是定额的制定，根据核算好的定额，企业可以计算出最佳进货批量和频率，使有限的资金发挥最大的作用，并提高库存周转效率、减少物流仓储环节中的浪费。

② 选择供货商。合适的供货商可以确保所需物料的稳定供应，而在长期稳固的合作关系下，企业也能享受各种价格优惠，以实现成本控制。

③ 明确责任。在与供货商签订合同时，企业一定要明确送货方式、到货

时间等诸多要素，并明确相关责任。

（2）生产物流成本的控制策略。

生产物流（厂内物流）包含物流中心、工厂将所采购的物料入库、保管、出库及企业将其生产的产品（商品）运到物流中心、厂内或其他工厂的仓库等一系列的产品流动。

① 制订科学合理的物料需求计划。

这是改进厂内物流管理的关键性步骤。由于大多数企业生产经营的品种较多，也相当复杂，所以这样的企业对物流管理要求特别高：物流管理要求信息化、数字化；作业计划要求科学、合理和准确；同时，库存要尽可能低，避免造成浪费等，这就要求生产计划和物料采购计划与产品的市场需求尽可能一致。由此企业必须建立一个有效的信息管理系统，如物料需求计划（MRP）。

使用 MRP 时，物流活动是紧密衔接的，大量时间上的浪费将被消除；物流活动是必不可少的，减掉一项由 MRP 规定的物流活动，将使 MRP 无法运作下去；没有多余的物流活动，因为 MRP 严格规定了原材料和各种在产品的数量，理论上可进行零库存运作，所以物流活动将不会发生在多余的零部件和产品上面。

② 标准化。

在物流活动中，通过实施物流统一性标准、物流各分系统的技术标准及物流作业规范标准，使物流系统中各环节有机结合起来，从而实现物流系统的全面贯通。形象地说，物流标准化就像"润滑剂"，它使物料在流通中受到的阻力减小，甚至达到畅通无阻。

③ 设计合理的作业场所，满足物流顺畅、高效进行的要求。

企业作业场所的设计主要指的是在平面和空间方面，即分厂与分厂之间、分厂与主厂之间、厂内车间与车间之间、车间与库房之间等在平面设计上的科学性与合理性。作业场所的平面设计不合理将极大地影响物流的效率，主要表现在物流活动不能以最短的路线进行，货物的储存、装卸不方便，从而产生物流忙乱、阻滞、走弯路等浪费物流资源和阻碍企业生产经营活动的现象，由此造成企业物流成本的损失。

事实上，在企业的总成本中物流成本占据了相当高的比例，只是由于目前成本会计制度的不完善，物流成本未能完全体现在会计账簿中。因而，从作业场所的优化设计来保证物流活动的顺畅、高效将大有作为。

④ 努力提升仓储区的作业效率。

在仓储区，作业效率的低下主要是布局的不合理和设施的落后造成的，导致企业内部物流在仓储这个环节上形成瓶颈。有条件的中大型企业，可以将传统仓储改造成自动化仓储，使物料的存放和出料实现自动化。这不但极大地提高了仓储物流的效率，而且可以减掉大量的岗位，从而节约成本，其效益是相当巨大的。

与之相对的，由于自动化仓储改造的投入相当巨大，一般企业难以承受，因而提高企业仓储效率，主要还是在手工作业的条件下来挖潜创新。货区和暂存区的通病不难消除，如及时清场入库、按规则摆放、明确标识、保持过道畅通等。所以重要的是要培养工作人员的责任心和提高工作人员的工作技能，加强规范化管理。

⑤ 在企业内部推行 6S 管理。

正如 6S 管理在库存管理中的实践一样，在物流成本控制中，企业需要继续在内部推行 6S 管理，这也是加强企业内部物流管理的基础性工作。

物流成本控制是供应链竞争的关键环节，并且物流在智慧供应链的设计过程中处于战略的高度。

在供应链由传统物流管理方式向现代企业物流管理方式转变的过程中，首先就要确定企业物流管理的价值，即物流的存在理由，然后分析物流工作的价值流，设计出保证物流工作顺畅无阻的工作程序和管理程序，从物流每一阶段的客户需求出发，以最小的代价向客户提供最好的服务。

任何物流管理系统都应该是动态的系统，工作内容是动态的，管理模式也应该是动态的，这样才能适应不断变化的市场情况，不断逼近物流总成本最少这一最终目标。

（3）销售物流成本的控制策略。

① 管理方式。一般而言，销售物流主要有两种管理方式，即自建物流和第三方物流。企业应当根据实际情况择优使用。

② 物流方式。面对公路、铁路、水路、航运等多种物流方式，企业应根据送货量、交付期限综合权衡，做出合理选择。

3.1.3 物流成本控制措施

面对层出不穷的新模式、新概念，企业在制定物流成本的控制措施之前，必须明确物流成本控制框架和控制要点。

1. 物流成本控制框架

物流成本的控制框架主要由3部分构成，即纵向控制、横向控制和信息管理系统。

（1）纵向控制，主要指物流的优化管理。面对日益复杂且庞大的物流系统，企业必须借助一定手段及方法对其进行优化，如数据分析方法、作业成本管理法等。

（2）横向控制，主要包括对物流成本的计算分析、信息反馈以及决策控制。在横向控制与纵向控制的相互作用下，企业能够对物流成本进行有效预测和决策，从而制订更为正确的行动计划。

（3）信息管理系统，主要用于汇总并处理各类信息，如商品名称、数量等，能根据价格、期限、信誉等多种要素进行决策，并自动向合作商下达物流指令，从而提升物流效率。

2. 物流成本控制要点

在物流成本控制框架下，企业要进一步对物流成本进行精益管理，这就要求企业以更全面的视角去审视物流成本的控制要点及其系统管理。一般而言，掌握物流成本控制要点主要分为5个步骤。

（1）准确预测物流需求。

物流需求，就是基于企业对各类物料的需求情况，判断企业所必须具备的物流资源和物流能力。其预测流程如图 3.1-6 所示。

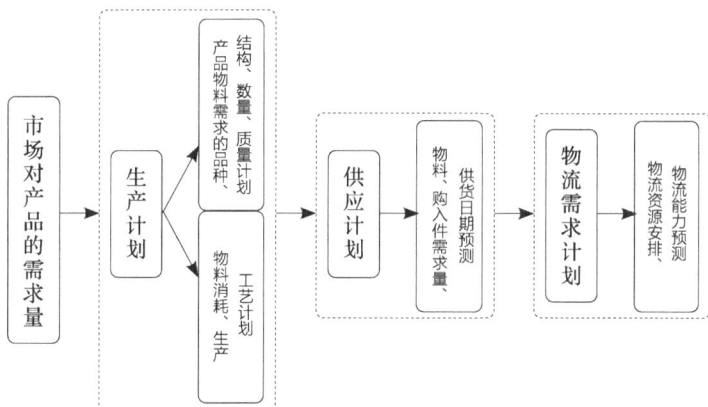

图 3.1-6 物流需求预测流程

从上图可以看出，物流需求基于生产需求，而生产需求则基于市场需求。要确保物流需求计划的顺利实施，就需要销售、生产、供应等各部门的协同运作。因此，在制订生产计划、供应计划之初，物流部门就需要参与其中。

（2）合理控制库存水平。

库存不足必然会造成停工待料现象，甚至会影响供应链整体环节的正常运作。但过多的库存又会导致库存成本的增加，以及资金流动性的减弱。因此，物流成本的精细化管理，需要与库存管理相结合，精细计算安全库存量及物料订购点和物流时序。尤其是实施 JIT 生产的企业，企业对物料供应时序的要求更加严格，这就要求物流部门在与生产部门的协作中，尽量做到即时满足生产部门的要求。

（3）科学制定物流决策。

只有在明确物流需求和库存水平之后，企业才能真正展开物流流程，包括市场调查、制订计划、物流监管及评价等。

因此，企业在与供应商进行谈判时，必须明确物料运输策略和实施计划，确定物流批量、时间安排和验收、付款等细节。

（4）优化物流管理策略。

精益物流的基本任务就是确保各类物料适时、适量、适价地供应，且保证物料齐备成套、经济合理。这不仅需要妥善的前期计划和决策，也需要根据市场环境做出动态调整。

为此，企业在制订物流管理计划时，也要考虑可能出现的不确定因素，并制定相应的应对措施，从而完善采购物流的流程。对此，企业也可以利用一些常用的优化工具，如基于运筹学的优化软件等。

（5）健全物流成本管理机制。

企业要实现精益物流，首先就要摆脱过去的粗放式管理模式，而这也并不是物流部门的"内部事务"。

物流成本的精益管理并不局限于物流部门，而是涉及企业、供应链运作的各个环节，这就需要企业不断健全物流成本管理机制，形成完备的管理职能，并建立良好的监管机制。

只有在整个企业乃至整个供应链的协调运作中，精益管理才能落到实地，浪费才有可能被真正消除。

3.1.4 物流信息成本管理

信息技术的创新性发展，以及物流环节的智能化发展，使得企业必须投入相当多的信息成本，对此，企业同样要做好物流信息成本的管控。

物流信息成本，主要指企业收集、储存、加工、输出物流信息的各种费用，包含系统建设、维护和人员培训等费用。

1. 物流信息成本的构成

在不同领域或不同过程中，物流信息成本的表现也有所不同。一般而言，物流信息成本主要分为系统建设成本和使用成本两部分，如图3.1-7所示。

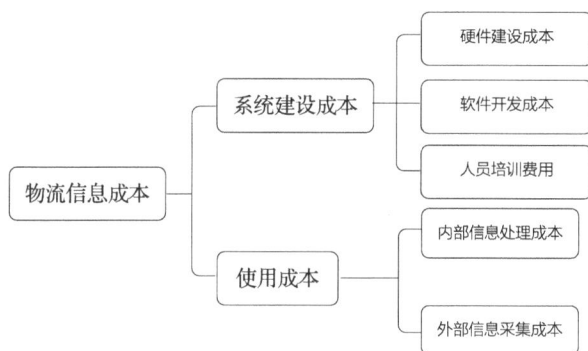

图 3.1-7　物流信息成本的构成

（1）物流信息系统建设成本。

物流信息系统建设成本指系统建设方面发生的各项成本及费用，主要包括以下 3 个方面。

① 硬件建设成本，即物流信息中心控制系统的硬件建设费用，如机器、机房、线路、终端设备等的建设费用。

② 软件开发成本，即自行开发软件或购置软件的费用。

③ 人员培训费用，即培训人员掌握物流信息系统的各项费用，如工时费、材料费等。

（2）物流信息使用成本。

物流信息使用成本指企业使用物流信息系统过程中发生的各项成本及费用，主要分为 2 个方面。

① 物流信息系统内部信息处理成本，包括生产、传递、处理等 3 个方面，涉及物料流转层、物流作业层、物流控制层、物流管理层等多个环节。

② 物流信息系统外部信息采集成本，包括供应商信息、顾客信息、订单信息、交通运输信息、政策信息等多个方面，涉及企业生产、财务等多个部门。

2. 物流信息成本优化

物流信息成本其实与物流商品的数量不相关，而只与物流活动项目有关。因此，企业必须正确审视物流项目的合理性，以对物流信息成本进行优化，主要可以从 3 个方面进行。

（1）做好物流信息成本预算。

物流信息成本的预算，主要分为物流信息系统建设成本和使用成本 2 个方面的预算。

① 物流信息系统建设成本预算。主要包含新建工程预算和设备更新预算，这部分预算作为显性的成本，更加容易处理。

② 物流信息使用成本预算。由于物流信息使用涉及多个环节、多个部门、多种信息，因此，其预算较为困难，企业可以通过采取工作量定额、利用率定额等方式进行限定。

（2）降低物流信息化成本。

物流信息成本的投入通常是不可逆的，也就是说，在企业完成系统建设或架设好信息设备之后，很难收回相应成本。

因此，在物流信息化的过程中，企业就要有意识地从以下 2 个方面降低成本，避免因投入过多成本而无法创造相对应的效益。

① 正确定位信息系统功能，建设更具性价比的物流信息系统。

② 正确设定设备使用周期，避免因过快的更新换代而导致成本增加。

（3）提高物流信息质量。

每一条物流信息的采集，都需要投入相应的成本。因此，如果物流信息质量过低，如存在大量无效甚至错误的信息，则会造成物流信息成本的增加。

与此同时，物流信息质量不仅影响物流信息成本，也可能导致决策失误，如超量库存、迂回运输等，这会造成整个物流环节乃至企业经营成本的增加。

3.2 物流运输管理

运输是物流活动的主要环节，物流运输管理的效果，直接影响物流成本和物流效率。据统计，运输成本占物流总成本的 40% 左右，是影响物流成本的重要因素。

只有将物流运输环节不断分解，并进行具体分析，企业才能真正做好物流运输管理，将其打造为提升供应链效率的支撑力量。

3.2.1 物流运输的准备

物流运输的效果，在确定运输计划时就已经基本确认了。因此，物流运输管理的重点就是做好物流运输的准备工作，主要包括以下 4 个方面的内容。

1. 交货地的选择

所谓物流，简单而言就是货物从发货地到交货地的流通过程。一般而言，发货地位于工厂或仓库，而交货地则是企业需要将货物交付到的地点。

但在一次完整的物流运输中，如果每一次都将货物运输至指定地点，则可能导致路线迂回，造成成本增加。因此，企业可以与其他物流组织合作，如传统的城市配送或新兴的"店中仓"等，以优化物流运输。

2. 运输方式的选择

运输方式是货物流通的完成手段与方法，涉及相应的技术装备和管理手段，主要有铁路、公路、水路、航空、管道等 5 种运输方式。企业应当充分分析，以选择合适的运输方式，如图 3.2-1 所示。

图 3.2-1 运输方式的选择

（1）考虑因素。

企业选择运输方式时要着重考虑 5 个因素。

① 货物品种。货物品种及其性质、形状，是选择运输方式的基础，需要考虑适用性和成本。

② 运输期限。运输期限是企业确保准时交货的基本因素，包含运输及中转等作业时间。

③ 运输成本。运输成本是物流成本的主要构成部分，涉及货物品种、容积、批量，以及运输距离、运输方式等诸多要素。

④ 运输距离。企业应充分考虑运输距离与物流成本的关系，选择更具性价比的运输方式。

⑤ 运输批量。运输批量与运输成本之间一般存在反比关系，因此，为了有效控制物流成本，企业应尽可能地将商品集中运输到消费终端附近。

（2）运输方式。

运输方式主要分为铁路、公路、水路、航空、管道等 5 种，其各自具有不同的特性。

① 铁路运输。铁路运输主要适用于长距离、大批量的货物运输，其速度快、成本低，但灵活性较差。

② 公路运输。公路运输主要承担近距离、小批量的货物运输，其灵活性强，但运输距离较短。

③ 水路运输。水路运输主要适用于更长距离、更大批量的货物运输，其成本低、运力强，但速度较慢，且受季节、气候影响。

④ 航空运输。航空运输主要适用于价值高、运费负担能力强或紧急的货物运输，其速度快、受限小，但成本极高。

⑤ 管道运输。管道运输主要适用于气体、液体、粉状固体等货物运输，其安全性高、持续性强，但只适用于特殊货物。

3. 运输批次的选择

在计算运输费用时,随着单次载货量的增加,单位运输成本必然随之下降。因此,传统物流为了控制成本,都会尽可能地选用大批量运输方式。载货量与运输成本的关系如图 3.2-2 所示。

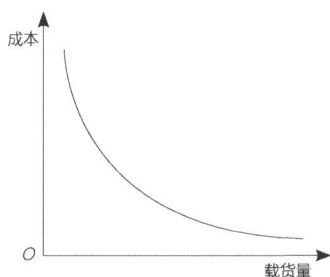

图 3.2-2　载货量与运输成本的关系

然而,面对大规模定制化的市场需求,为了满足客户随时、随地、随意的消费需求,企业通常难以实现大批量运输。

此时,为了避免运输批次增加带来的成本问题,企业可以加强市场需求预测,提前将一定批量的货物运至中转地点,等待需求确认后再进行进一步运输。

4. 运输路线的设计

运输路线是供运输工具定向移动的通道,也即铁路线路、公路线路、航线等。面对纵横交错的交通网,企业必须持续进行运输路线优化设计,找到运输网络中的最佳路线,以尽可能缩短运输时间或运输距离,从而降低运输成本。

长期以来,运输路线的设计大多采取经验优化法,但在智能时代,企业则可以引入智能调度系统。

(1)经验优化法。

在多点间运输时,人工很难计算出所谓的最优解。因此,传统上一般采用经验优化法对运输路线进行优化,该方法主要包含 8 个原则。

① 对于位置接近的货物，使用同一辆车进行运送。

② 对于集聚在一起的货物，安排在同一天运送。

③ 运输路线应从距离收货地最远的停留点开始。

④ 一辆货车依次途经各停留点的路线，应当呈泪滴状。

⑤ 尽可能使用载货量大的货车进行运送。

⑥ 取货、送货应混合安排，而非先送货、再取货。

⑦ 对远离既定路线的零散停留点，可单独设计运送方案。

⑧ 为停留点装卸工作预留足够的时间。

（2）智能调度系统。

经验优化法是在人工计算无法得出最优解时的选择。但随着大数据、物联网等技术的发展，新物流在设计运输路线时，完全可以依靠智能调度系统进行车辆调度和线路规划。

借助完善的智能调度系统，企业只需输入出发点和终点以及停留点，系统就可以根据交通网络和交通状况自动设计出最优路线，也可以在运输过程中，根据实时路况对运输路线进行调整。

3.2.2　物流运输效率管理

谈及物流运输，很多企业首先想到的是货物流动过程中的种种作业行为，如运输、储存、装卸、搬运、包装、流通加工、配送等。因此，物流管理者对物流运输的要求往往就是简单的"车备好、货送到、库管好"。

这些简单的要求虽然能够直击物流行为的本质，但也导致物流运输管理停留于粗放式的管理模式。

例如，某企业十分关注物流运输的成本控制，通过多种方式降低了运输成本、配送成本，但装卸、包装等费用却因为疏于管理而急剧上升。

与此同时，该企业对供应领域的生产和进货计划、销售领域的客户服务和订货处理业务，以及财务领域的库存控制等，也没有深入探索。

这就导致了其供应链管理处于较低水平，而物流则成了问题聚集的"重灾区"和推卸责任的"泄洪区"，出现紧急发货、频繁调拨、爆仓缺货、客户投诉、成本飙升、人员设备负荷不均、屡遭抱怨和投诉等问题。

如果企业过于沉浸在具体的物流作业环节，而未能预先制订全面、深入的物流计划，则必然难以实现供应链的协调，提高物流运输的效率也就无从谈起。因此，企业必须引入物流运输效率管理，对物流运输进行整合，并制订完善的物流计划。

1. 运输整合原则

运输整合是对运输各环节的资源整合，而要实现这一目标，就需要遵循运输整合的 4 项基本原则，如图 3.2-3 所示。

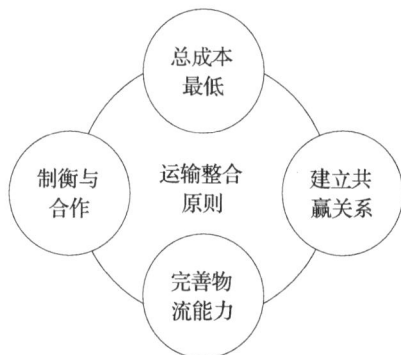

图 3.2-3 运输整合原则

（1）总成本最低。

物流成本控制的核心内涵就是以最低总成本完成物流配送工作，其注重的是最低总成本，而非简单的最低运输费用。

事实上，在低价格的背后，往往是更高的总成本，但这却很容易被企业忽视。成本战略物流循环涉及供应商、物流部门、生产研发部门，乃至售后部门等多个环节，因此，企业必须遵循总成本最低的原则，对整个物流流程中涉及的关键成本和其他相关成本进行综合评估。

（2）建立共赢关系。

不同的企业有不同的物流控制方法。有的企业注重良好的合作关系，有的企业倾向于竞争性定价，有的企业则认可物流外包……但无论如何，新物流都并非零和博弈的过程，而是商业协作的过程。

如果企业执着于利用业务杠杆逼迫合作商妥协，企业也绝不可能成为受益者。因此，企业要遵循建立共赢关系的原则，基于对物流市场和自身战略的充分了解，实现所有利益相关方的共赢。

（3）完善物流能力。

运输整合并非交易行为，理想的运输整合能力涵盖6方面的内容，具体包括总成本建模、创建运输战略、建立并维持合作商关系、整合合作商、利用合作商创新、布局物流基地。

很少有企业能够同时做到以上6点，但企业仍然应该不断完善自身的运输整合能力，并争取形成3点核心能力。

① 总成本建模能力，为建立战略物流循环奠定基础。

② 创建运输战略能力，推动物流运输由战术性行为转变为战略性行为。

③ 建立并维持合作商关系，确保实现利益相关方的共赢合作。

（4）制衡与合作。

企业与合作商之间虽非零和博弈，但也存在相互比较、相互选择，双方都具有议价的权利。如果企业对合作商的业务战略、运作模式、竞争优势等信息具有充分的了解和认识，就有助于企业发现机会，在合作中实现共赢。

即使选择了单一合作商，企业也应当遵循制衡与合作的原则，持续关注自身行业及相关行业的发展，考虑如何借助与合作商的先期乃至深入合作，来降低成本、增强竞争力。

运输整合既不是压价的工具，也不是非赢即输的零和博弈。只有遵循以上四大原则，企业才有可能建立一个良好的成本战略采购体系，依靠一套严谨而系统化的工作程序，强化企业竞争力中最不可或缺的一环。

2. 制订物流计划

物流计划是基于主作业计划，对各个物料在物流各环节的关键节点制订的各类物流计划，包含但不限于供应商发货计划、原材料到货计划、卸货计划、入库计划、检验计划、配套计划、配送计划、成品存储计划、成品打包计划、成品发运计划等。而这一系列计划共同构成了企业的运输整合战略。

（1）物流计划的制订。

物流计划的内容主要包含 6 个方面。

① 确定关键物流环节，建立标准作业流程。

② 量化关键物流环节的物流作业标准及时间。

③ 制订关键物流环节的物流计划。

④ 在量化标准与实际执行中间抓取差异。

⑤ 关键物流环节全过程实时监控和预警。

⑥ 修正量化标准，消除执行差异。

（2）物流计划的实施。

要真正实施物流计划，数字化、可视化、智能化、信息化是必不可少的关键技术。数字化可帮助解决人工难以处理庞大数据量的难题。

传统的差异管理的业务过程数据是离散型的，各部门联动性较差，信息不能共享、及时传递，形成信息孤岛，异常信息绝大多数没有及时存储，导致不能及时做统计、分析，而且大量的数据都由人工统计，导致统计结果滞后，管理也只能是事后控制，而不能实现预先控制和及时管理。最终导致企业在日常管理过程中产生能力不清、不可决策、不可预警、不智能，对客户不能承诺、不能兑现、不敢缩短交期等问题。

3.3 物流外包管理

物流运营与管理涉及大量的技术、专业难题，当企业自身缺乏足够的解决能力时，物流外包则成为一种极为可行的解决方案。尤其是在第三方物流蓬勃发展的当下，大多数第三方物流供应商能够为企业提供高效、优质的物流服务，而企业要做的，就是根据自身需求选择合适的物流外包模式，并做好第三方物流供应商的选择与管理、运营与辅导。

3.3.1 物流外包模式的选择与实施

物流外包管理能否发挥预期的效用，很大程度上取决于前期的选择与实施。企业必须根据自身需求，选择合适的物流外包模式，并设计妥善的实施方案。

1. 物流外包模式的选择

在长期的发展中，根据主要职能的不同，物流外包模式也逐渐细分，形成四大主要物流外包服务，如图 3.3-1 所示。

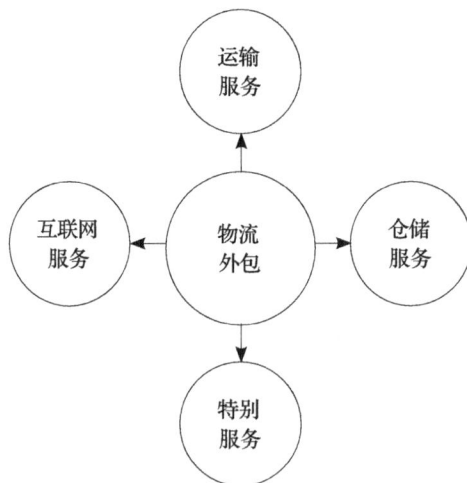

图 3.3-1 物流外包的主要服务

（1）物流外包的运输服务。

物流外包的运输服务，主要负责在指定的时间内、将货物运至指定的地点，具体包含 10 点主要内容。

① 汽车运输，主要指整车货物的陆路运输，以长途汽车运输为主。

② 零担，也称 LTL 运输，指不满一个货运汽车的零散货物运输，往往涉及不同发货人的拼装运输。

③ 专一承运，指运输工具专门为一个客户使用的运输形式，也称合同运输。

④ 多式联运，指一项货物运输业务同时涉及海运、陆运、空运其中两种及两种以上的运输方式。

⑤ 水运，指沿海、内河、远洋等水上运输。

⑥ 铁路运输。

⑦ 包裹，指小件的运输，其特点是实效性强，可能涉及空运、汽运、铁路等各种运输方式。

⑧ 设备，专门提供运输设备的服务。

⑨ 司机，出租职业司机的物流服务。

⑩ 车队，指提供车队管理服务。

（2）物流外包的仓储服务。

物流外包的仓储服务，主要负责物流过程中的仓储管理，一般涉及 7 点内容。

① 越库（Crossdocking），是现代第三方物流仓储服务应用最多的服务形式，指货物仅在仓库交叉分装，基本没有停留过程的行为。越库的实现，不仅需要高效率的仓储操作技术，更需要发达的物流信息管理技术。

② 上门收货服务，即物流外包上门收货，并入仓储存。

③ 包装及组装，指货物在仓储环节的包装服务和进一步的打码、重新包装等。

④ 完善，指生产流程中没有完成的部分生产过程在仓储环节中进一步完善的行为。

⑤分货管理，指按不同的客户分类、分组储存和管理。

⑥存货及管理，指以存货数量管理为主体的仓储服务，仓储的同时，依据销售数据，提供存货数量预测、监督、调整的服务。

⑦位置服务，指按照销售分布或生产分布对仓储或配送中心的位置进行咨询、设计、选址的服务。

（3）物流外包的特别服务。

物流外包的特别服务主要针对一些特别的物流场景，主要包括5点内容。

①逆向物流，也称反向物流，指产品回收、更换、处置等物流过程。

②直接配送到商店，即产品从工厂到零售商店的过程。

③进出口清关，即代理进出口报关、缮制单证等服务。

④ISO认证，即物流企业或相关国际质量标准的认证服务。

⑤直接送货到家，即上门送货的服务。

（4）物流外包的互联网服务。

物流外包的互联网服务主要为企业提供互联网技术支撑，一般涉及5点内容。

①搜寻或跟踪，即利用互联网等技术手段，对物流过程中的货物、车辆进行实时搜索、跟踪。

②电子商务，即基于网络的交易、信息服务等商务行为。

③电子执行，即用互联网、电子数据交换等方式实现的物流操作过程。

④通信管理，即物流通信的网上管理和电子信息管理。

⑤电子供应链，即在互联网上将整个供应链过程进行管理的物流过程。

聚焦于上述四大主要服务，企业能更好地认识物流外包模式，并做出正确的选择。

2. 物流外包模式的实施

物流外包服务已经十分完善，企业想要用好物流外包服务，就必须掌握物流外包模式的实施。一般而言，物流外包模式的实施分为4步，如图3.3-2

所示。

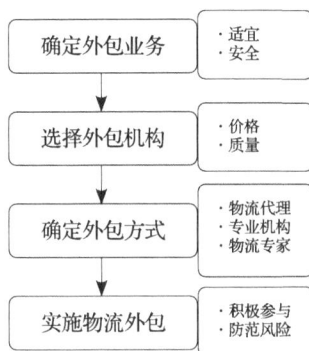

图 3.3-2　物流外包模式的实施

（1）确定外包业务。

实施物流外包模式的第一步，就是确定将哪些业务进行外包，如货物运输、物流规划、流程设计、业务培训等。

在确定外包业务时，企业需要明确两个问题。

①适宜，即将业务外包给第三方机构时，要避免物流外包影响企业业务的流畅性。

②安全，即业务外包不影响企业经营安全，也不影响企业核心发展能力。

（2）选择外包机构。

根据外包业务及所需服务，企业可以选择合适的外包服务机构，如运输机构、仓储机构等。

在选择外包机构时，企业主要对其进行综合考量，主要考量要素则是价格和质量。

（3）确定外包方式。

外包方式与外包机构的类型密切相关，但选择外包方式时也需要结合企业的发展需求和供应链的运营特征。

因此，确定外包方式时，企业需要邀请专业人士协助设计，如物流代理、专业机构或物流专家等，也可组建"物流外包智囊团"。

（4）实施物流外包。

当外包业务、机构和方式都确定之后，企业即可按照计划实施物流外包。

需要强调的是，在实施物流外包的过程中，企业要做的并非是消极等待结果，而是要积极参与业务，为外包机构提供必要的协助，如必需的信息和资料等；与此同时，也要防范外包风险，确保外包机构按计划提供约定的物流服务，使物流外包得以顺利、安全地实施。

3.3.2 第三方物流供应商的选择与管理

随着供应链分工的不断细化，物流外包已经成为诸多供应链运营的共同选择。在实施物流外包模式时，必须注重与外包机构的合作，即第三方物流供应商的选择与管理。

1. 第三方物流供应商的选择

只有符合企业需求的第三方物流供应商，才能成为企业迎战智能时代的助力。

与选择其他合作商时一样，企业在选择第三方物流供应商时，同样需要关注资质、匹配度和配合度等各项指标。此时，SWOT 分析是行之有效的选择方法。

SWOT 分析是一种用于评估组织总体形态的战略工具，也是高级管理人员工商管理硕士（EMBA）和工商管理硕士（MBA）等主流商管教育的推荐工具。SWOT 分析基本模型主要涉及 4 个维度，即优势（Strengths）、劣势（Weakness）、机会（Opportunity）和威胁（Threats）。SWOT 分析基本模型如图 3.3-3 所示。

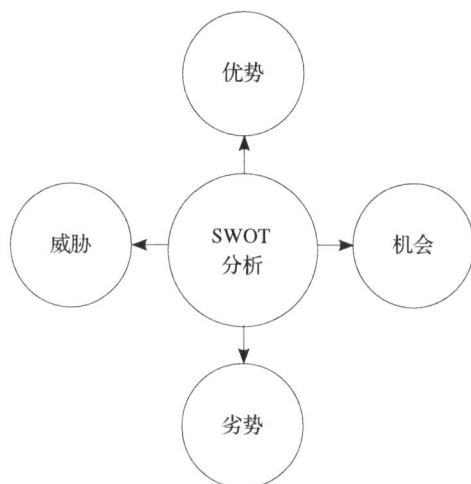

图 3.3-3 SWOT 分析基本模型

在对第三方物流供应商进行 SWOT 分析时，企业首先要做好填空题，即找到如下问题的答案。

（1）优势（Strengths）。

相比其他第三方物流供应商，该供应商具有哪些优势？

第三方物流供应商拥有哪些特有的资源或实力？

第三方物流供应商拥有的哪些资源具有独特的成本优势？

（2）劣势（Weakness）。

相比其他第三方物流供应商，该供应商具有哪些弱点？

第三方物流供应商在管理、技术、财务等方面是否存在约束？

第三方物流供应商在哪些方面有改进余地？

（3）机会（Opportunity）。

对该第三方物流供应商而言，建立合作关系是否是重大机会？

第三方物流供应商有哪些机会可以增强供应能力？

第三方物流供应商可以为整个供应链提供怎样的机会？

（4）威胁（Threats）。

该第三方物流供应商正在面临哪些潜在风险？

在技术、法律、市场等要素的改变中,该第三方物流供应商是否具备优势?

第三方物流供应商在财务方面是否存在不稳定性?

在明确上述问题的答案之后,企业可制作第三方物流供应商的 SWOT 分析表。

2. 第三方物流供应商的管理

在管理第三方物流供应商的过程中,企业必须结合第三方物流供应商实际情况,采取不同的管理策略,忌"一刀切"的管理方法。

虽然优胜劣汰是第三方物流供应商管理的必要手段,但这并不意味着,遇到问题就简单地"按章办事",这样的管理方法,其实践效果往往适得其反。

例如,第三方物流供应商因为不可抗力因素或初次产生问题,并且愿意积极进行协调,愿意赔偿,而企业如果一味按照合同实施超额惩罚,乃至解除合作关系,则容易对企业形象产生负面影响,打消其他供应商的合作意愿。

第三方物流供应商的管理应根据具体问题具体分析,而非生硬地"按章办事"。否则,企业也难以与优秀的第三方物流供应商建立稳固的战略合作关系。

经过第三方物流供应商的 SWOT 分析,企业就能够对供应商资质产生更加清晰地认知,并对其进行评价,而这也是第三方物流供应商差异化管理的基础。

一般而言,SWOT 分析可以形成 4 种不同类型的组合,即优势-机会(SO)组合、劣势-机会(WO)组合、优势-威胁(ST)组合和劣势-威胁(WT)组合。

在这 4 种组合当中,优势、劣势可以看作内因,而机会、威胁则是外因。因此,企业可以据此将第三方物流供应商归入相应的象限,进行第三方物流供应商的内因和外因分析。

针对处于不同象限的第三方物流供应商,企业又可以进一步确定相应的发展战略。SWOT 发展战略如图 3.3-4 所示。

内因

	优势	劣势
机会	SO 依靠内部优势 利用外部机会	WO 克服内部劣势 利用外部机会
威胁	ST 依靠内部优势 回避外部威胁	WT 克服内部劣势 回避外部威胁

外因

图 3.3-4　SWOT 发展战略

借助完整的第三方物流供应商 SWOT 分析,企业能够对第三方物流供应商资质进行完整的评估,也能够确定后续关系管理的重点因素。

因此,企业必须重视第三方物流供应商 SWOT 分析,用科学、客观的分析方法,进行第三方物流管理,并将资源和行动投入优势或机会最多的领域,从而在保障企业利益的同时,推动供应链竞争力的持续提升。

3.3.3　第三方物流供应商运营与辅导

绩效管理是第三方物流供应商管理的基本手段,也是第三方物流供应商运营与辅导的核心策略。但在实际应用过程中,绩效管理往往难以发挥预期的效用,甚至会引起第三方物流供应商的不满。

对此,企业必须从自身需求出发,制定合适的绩效管理方案。

例如,某企业将"物美价廉、多快好省"作为理想的第三方物流供应商的状态,其绩效管理指标自然以质量、价格、交付、服务等要素为核心,需要第三方物流供应商速度快、质量优，且价格低、服务好。

但在一年后，企业就倒闭了，因为该企业用了一年时间也没找到这样的第三方物流供应商。

由于没有完美的第三方物流供应商，企业只能通过运营与辅导，引导供应商不断提升自身竞争力，并将多个具有不同优势的第三方物流供应商进行组合，形成一个近乎完美的第三方物流综合方案。

在这个过程中，企业就需要掌握正确的绩效管理策略。一般而言，第三方物流供应商的绩效管理可以从 4 个层面着手。

1. 目标沟通

所谓目标沟通，就是"目标管理"，在与第三方物流供应商进行目标确认时，应当在确认总目标的基础上，对分类目标进行确认，并将这些分类目标作为考核第三方物流供应商经营能力的标准。

对第三方物流供应商而言，其目标的设定主要围绕质量、价格和交付、服务展开。只有将各个目标用数据进行量化，并与第三方物流供应商充分沟通，第三方物流供应商才能明确企业的要求，绩效考核工作才能有效进行。否则，在目标模糊的情况下，第三方物流供应商也会感到无所适从。

2. 考核改善

考核改善，是第三方物流供应商运营与辅导的主要环节，主要分为两个部分。

（1）考核。

针对设定的目标，对第三方物流供应商的工作开展情况进行考核。在进行目标沟通时，应当确定考核的时间节点。企业应当及时对第三方物流供应商的工作展开考核，尤其是效率、质量等要素应被列入特别考核项目。

当考核完成之后，关于考核成绩的信息，企业也要视情况给予公示，或通知相关第三方物流供应商，让第三方物流供应商对自己的能力有清晰的认识。如果没有这一过程，第三方物流供应商就难以知晓自己是否需要改善，或哪些方面需要改善。

（2）辅导。

一旦发现第三方物流供应商不能通过考核，接下来就要推动第三方物流供应商进入"改善阶段"，辅导第三方物流供应商提升自身能力。

针对第三方物流供应商需要改善的环节，企业应明确指出，并协助第三方物流供应商设计出有效的解决方案，如临时增加运力、改善运输流程等。

因为，供应商能否拿出有效的解决方案，将会直接影响企业后续的经营状况。这一阶段至关重要，如果供应商不能进行有效改善，很有可能导致接下来的物流工作陷入困境，直接造成成本的增加。

3. 优胜劣汰

优胜劣汰，是自然生存法则，也是绩效管理的必然结果。

对于优秀的第三方物流供应商，企业应该在订单、财务等方面给予倾斜，以支持第三方物流供应商的发展，进而推动供应链竞争力的提升。

然而，倘若第三方物流供应商始终无法达到企业预期，而且难以实现改善，那无论是因为供应商主观重视不足，还是因为客观上遇到瓶颈，都应当及时更换供应商。

4. 充分沟通

通过上述3个环节的管理，企业能够对第三方物流供应商产生积极的压力，最终提升其运营效率，增强供应链物流能力。

绩效管理的目的是通过制度约束第三方物流供应商行为，这样第三方物流供应商才能重视合作，并做好绩效协同。

但在这样的过程当中，无论哪个环节，企业都要进行充分的沟通。

（1）内部沟通。

各个部门明确自身的考核目标后，经过内部需求的整合，第三方物流供应商的绩效管理才能符合企业需求，从而给第三方物流供应商提供精准的方向。

（2）外部沟通。

加强与供应商的交流，建立良好的关系，让对方真正认识到企业的价值观，形成"共存共荣"的理念，这样才能实现绩效管理的目标。

3.4　物流配送中心管理

物流配送中心是指用于货物配备和组织为客户送货的现代流通设施，具有集货、加工、分货、拣选、配货等多种职能。

在现代商业环境下，物流运输早已脱离了"供应商—零售商"的简单链条，为了使物流效率最大化，其间往往会加入一个甚至多个配送中心。

因此，物流配送中心同样需要做好管理和运营，并融入各种智能物流技术，以满足供应链上下游的需求，使物流配送更加顺畅。

3.4.1　配送中心管理措施

配送中心管理措施的设计，主要着眼于配送中心管理7要素，如图3.4-1所示。

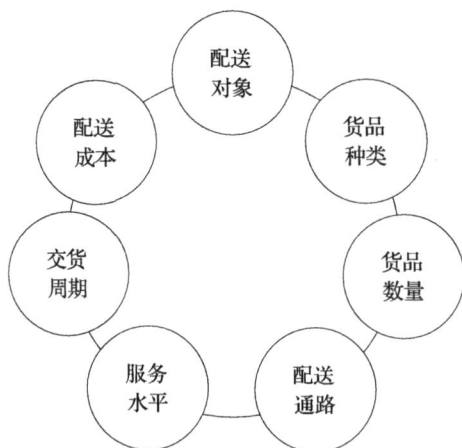

图 3.4-1　配送中心管理 7 要素

1. 配送对象

根据配送对象的不同，配送中心的订单形态和出货形态等各项细节都存在极大不同。比较而言，主要可以分为 2 个角度来理解。

（1）为生产线提供 JIT 配送服务的配送中心，更加注重分拣作业的计划，以及订单传输方式和配送过程的组织。

（2）为分销商提供服务的配送中心，则要针对批发商和零售商的出货形态区别管理。

2. 货品种类

配送中心处理的货品种类越多、差异越大，其管理难度也就越大。即使是同一种类的货物，由于包装等细节不同，也需要设计针对性的配送方案。

3. 货品数量

在物流配送中心的管理中，货品数量主要涉及 2 个方面的内容。

（1）出货量。出货量存在明显的季节性波动，尤其受节日因素的影响，而配送中心的作业能力和设备配置，直接关系到配送中心的出货能力。

（2）库存量。库存量及库存周期关乎配送中心的内部资源配置，配送中心需对其进行详细分析，避免因库存积压等情况而影响配送能力。

4. 配送通路

根据流通模式的不同，配送中心的配送通路也存在不同。配送中心需全面评估供应链上下游的需求，确保配送通路顺畅。

一般而言，常见的配送主要分为 4 种。

（1）供货商—配送中心—批发商—零售商—最终客户。

（2）供货商—批发商—配送中心—零售商—最终客户。

（3）供货商—配送中心—零售商—最终客户。

（4）供货商—配送中心—最终客户。

5. 服务水平

物流配送中心的服务水平与物流成本存在反比关系，对最终客户而言，其总是希望用最小的成本享受最好的服务。对此，配送中心则要结合行业水平，在合理的物流成本下实现服务水平的提升。

因此，配送中心的服务水平管理主要有 2 个方向。

（1）在相同的配送成本下，确保自身服务水平更高。

（2）在相同的服务水平下，确保自身配送成本更低。

6. 交货周期

交货周期就是从客户下单到货品送达的时间，其间涉及订单处理、库存检查、分拣、配货、送达等各种作业。

交货周期是服务水平的重要构成，也是当今物流配送的关键衡量标准。

一般而言，依据厂商的服务水平和客户的需求，交货周期可分为 2 小时、12 小时、24 小时、2 天、3 天及 1 周。

7. 配送成本

配送中心管理的前 6 个要素最终都将汇总转化为配送成本，这 6 个要素包含了配送中心的设施、设备、人员等诸多成本，也与货品价值、数量、交货周期直接相关。

配送成本的管理是配送中心管理的直接依据，也是配送中心盈利的关键要素。

3.4.2 配送中心的运营控制

配送中心的运营控制的核心原则就是：在既定服务水平下实现配送成本的最小化。针对配送中心管理的 7 要素，主要有 4 个策略可供选择，如图 3.4-2 所示。

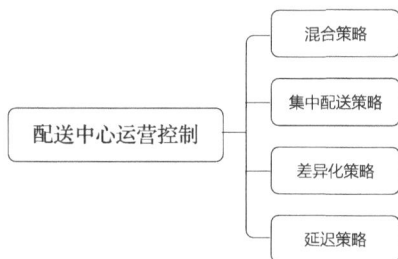

图 3.4-2 配送中心运营控制的 4 个策略

1. 混合策略

混合策略的核心理念是整合，通过将企业自有配送中心与第三方物流整合，以提高物流配送中心的运营水平。

需要强调的是，很多企业认为：全部自行处理或全部外包给第三方的"纯策略"，更容易形成规模经济，从而使管理简化。然而，由于配送货物的品种、规格、数量各不相同，这种"纯策略"反而会造成规模不经济。

因此，混合策略需要根据配送货物及交货周期等各要素，对货物的配送方式进行合理安排。

2. 集中配送策略

面对海量的个性化需求，物流配送往往面临运距较远、客户较多、需求复杂的情况，对此，相比将包装好的货物直接送到客户手中，集中配送策略更加适用。

集中配送策略需要在流通枢纽设置配送中心，对配送路线和运力进行合理设计，从而提高物流效率，避免运力的浪费。

3. 差异化策略

针对不同的货物种类及服务水平，当企业拥有多条产品线，或配送中心在处理多种货物配送时，可以将不同的产品按照同样标准的服务水平进行分类，以实行差异化配送。

例如，某企业将产品分为 A、B、C 三类，三类产品的销量占比分别为 70%、20%、10%，为了提高配送效率，该企业采取了差异化的配送策略。

其中，A 类产品在工厂、配送中心、销售网点均备有库存，确保能够及时配送；B 类产品则只在配送中心备有库存；C 类产品则只在工厂有库存。

借助差异化策略，企业可以妥善考虑货物与配送需求的匹配程度，根据服务水平、交货周期、运量稳定等要素，设计更具针对性的配送方案。

4. 延迟策略

在传统的配送运营中，配送中心大多会根据需求预测准备库存和运力。然而，当预测量与实际量存在较大差异时，配送中心的运营也会失控。

延迟策略的核心理念，是在确认需求之后，再通过快速反应以确保配送服务水平，避免预测失误。

延迟策略的实现与企业柔性密切相关，一般分为生产延迟策略和地域延迟策略两种形式。

（1）生产延迟策略。

所谓的生产延迟策略，就是将完全生产延迟到客户下达订单之后，其理想状态是，在接收到客户订单之后，再根据客户需求对产品进行加工，配送中心一般扮演最终加工场所的角色。

当满足以下 3 个条件时，企业可采用生产延迟策略。

① 产品模块化程度高，有特定外形且易于定制。

② 生产设计模块化，设备智能化，能够快速响应生产需求。

③ 产品生命周期短，市场波动大。

（2）地域延迟策略。

所谓的地域延迟策略，就是将库存调拨和配送延迟到客户下达订单之后。为此，企业需要选择合适的位置建立仓库，将全部产品或关键部件、高价值部件储存其中，待接收到客户订单之后，配送中心再进行加工、组装、包装及配送。

3.4.3　智能物流技术的应用

随着物联网、人工智能技术的不断发展，物流行业正在融入更多的"黑科技"，如智能拣选系统、智能物流 AGV、智能物流机器人等。

例如，智能物流 AGV 是一种装备有自动导引装置的搬运车，可以沿着既定的路径行驶，具有安全保护、物料搬运等各种功能。在无人化的系统操作中，智能物流 AGV 可取代传统的叉车、拖车。

随着智能物流 AGV 的不断发展，其不仅适用于搬运快递包裹，也能够用于生产线、汽车、码头。

各类智能物流技术层出不穷，企业需要掌握智能物流技术的应用方法。其中，智能物流系统的搭建，尤其是 MES 和 WMS 的搭建非常重要。

1.　MES

MES（Manufacturing Execution System），即制造执行系统，最早由美国 AMR 于 20 世纪 90 年代初提出，旨在将 MRP 与车间作业现场协同，以加强 MRP 的执行功能，包含可编程逻辑控制器（PLC）、数据采集器等多种技术手段。MES 如图 3.4-3 所示。

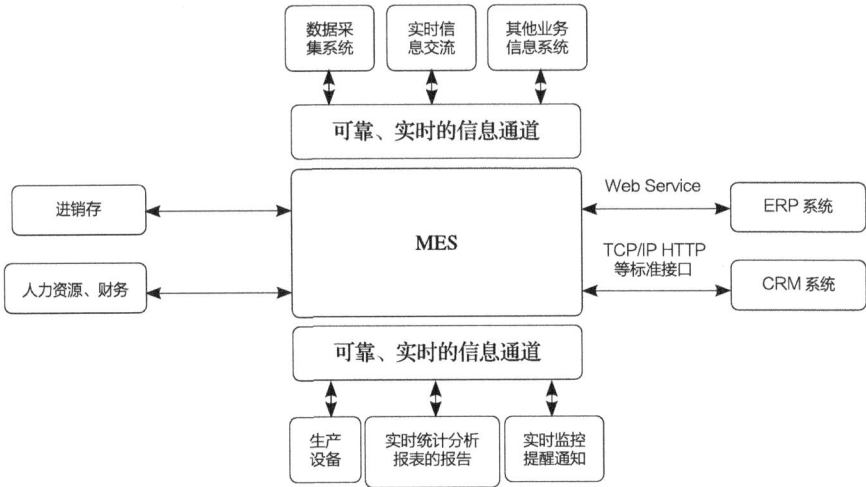

图 3.4-3　MES

在不断发展中，MES 已经能够适应现代生产流程，覆盖企业多种生产工序，如产品制造、商品包装、测试等，并提供监控和控制功能。

MES 的功能主要有 10 个方面。

（1）管理细度。由传统的按天计算，精细到分钟级、秒级。

（2）数据采集。由传统的人工录入，变为自动扫描，采集快速、准确。

（3）电子看板。由传统的人工统计，变为自动采集、自动发布。

（4）任务分配。由传统的人工分配，变为自动分配，从而平衡产能。

（5）仓库管理。由传统的人工统计，变为系统指导，使数据更加及时、准确。

（6）物料存放。由传统的杂散堆放，变为透明、规整堆放。

（7）责任追溯。形成更加清晰、准确的责任追溯机制。

（8）绩效评估。借助完整数据进行精准分析。

（9）统计分析。从时间、产品、路线等多维度进行统计分析。

（10）综合分析。根据企业需求，定制分析数据。

2. WMS

WMS（Warehouse Management System），即仓库管理系统，是通过

入库、出库、调拨和虚仓管理等功能，对仓库管理各项功能进行综合运用的管理系统，包含批次管理、物料对应、库存盘点等。

作为一种实时的管理系统，WMS 能按照业务规则和运算法则，对信息、资源、库存进行精细管理，从而最大化地满足智慧供应链对及时性和精确性的要求。

具体而言，WMS 的功能主要体现在 7 个方面。

（1）货位管理。借助数据收集器、产品条形码等技术，实现库存的全方位管理。

（2）产品质检。质检部门可直接扫描条码，录入质检数据并上传至系统。

（3）产品入库。产品入库时自动采集产品数据，包括货物品种、数量、生产日期、货位，以及相关操作人员信息。

（4）产品出库。根据销售部门发来的提货单，系统将根据先入先出原则，自动下载相应产品数据，并制定出库任务。

（5）仓库盘点。实时的数据扫描及采集，能够满足仓库盘点的需求。

（6）仓库预警。根据预先制定的上下警戒量，当库存数量超过或低于警戒量时，将自动发出警报。

（7）质量追溯。基于产品质检、入库、出库等数据，可对产品质量进行有效追溯。

3.5　物流信息管理

智能时代是信息管理的时代，物流信息管理的重要性也不言而喻。借助各种信息技术，物流效率也可以得到极大提升。当然，智能物流的信息化过程并非是确定的，随着信息技术的不断革新，条码、射频识别、GPS、GIS 等各项技术也将持续革新，并与物流技术实现深度结合。

3.5.1　条码技术应用

条码技术的应用，使得物流人员可以通过扫码快速获取物流信息。一张完整的物流信息标识，包含的内容十分丰富，如供应商、送料周期、接收窗口、放置场所、零件编号、部品名等信息。

为了提高效率，企业需与第三方物流企业约定统一的编码。

然而，这样的信息核对也意味着存在一定的门槛。此时，借助条码技术，所有物流信息都可以通过信息系统记录并生成相应的条码。在转运、验收、用料等环节，企业可以直接读取条码获取物流信息。

完善的物流信息标识，能够极大地提升厂外物流效率，方便企业核对物流信息。因此，企业在对物流进行精益管理时，一定要掌握条码的生成与读取技术，并引入相应的技术、系统与设备。

3.5.2　射频识别技术应用

随着信息时代的发展，基于无线射频扫描技术的 RFID 也逐渐应用到物流信息管理当中，成为物流管理的有效手段。

RFID 是一种利用射频信号和空间耦合（电磁耦合或电感耦合）原理，实现读写器与电子标签之间的非接触双向数据通信，从而达到自动识别目的的技术。它由电子标签、读写器、天线以及控制模块组成。将 RFID 与条码组合，企业不仅能够实现物料信息的采集、跟踪和反馈，而且能对物料进行批次管理，进而改善库存控制。

时至今日，RFID 已经成为很多企业物流管理及仓库管理的基础和手段，贯穿货物转运的各个环节。

一般而言，根据货物转运的流程，RFID 的应用主要涉及 5 个环节，如图 3.5-1 所示。

```
┌──────────┐    ┌──────────┐    ┌──────────┐
│  贴标环节  │───▶│  入库环节  │───▶│  出库环节  │
└──────────┘    └──────────┘    └────┬─────┘
                                      │
     ┌──────────┐    ┌──────────┐    │
     │  移库环节  │◀───┘          │
     └────┬─────┘                  
          │      ┌──────────┐
          └─────▶│  盘点环节  │
                 └──────────┘
```

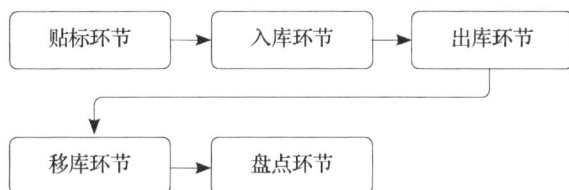

图 3.5-1 RFID 应用环节

1. 贴标环节

对新采购或加工入库的货物,企业都应当为其配备电子标签,记录货物名称、入库时间、所属仓库等信息。与此同时,企业还需在各条入库通道上安装读写器,如此一来,一旦货物进入通道,读写器就可以自动获取货物的所有信息。

在贴标环节,企业一定要注意标识码的编制。一般而言,编码需要遵循如下原则。

(1)系统性。便于分类统计。

(2)唯一性。不同级别、规格的物料编码不同。

(3)简易性。简短易懂。

(4)有一定的弹性。

(5)可用数字、英文字母表示。

2. 入库环节

当货物成箱入库时,企业可以制作 RFID 电子箱标,将其贴在包装箱上;如需打托盘的货物,也可以制作托盘标,并将托盘标信息与货物信息关联。

在货物通过入库通道时,RFID 读写器能够自动识别货物信息,并由信息系统或人工安排货物的指定库位,进而向叉车员发送入库指令,将货物运送到指定库位。

入库完成之后,系统将再次更新库存信息,并标明该批次货物的库存信息。

3. 出库环节

基于生产或销售需求，当货物需要出库时，应首先生成出库单。如没有特别指定货物批号，则系统需根据出库优先级，查询出库货物的库存位置及状态，确认无误后即可生成出库单。

此时，领货人则可以到仓库申请领货。仓管员在对出库单进行核对之后，安排叉车员执行出库操作。

随着货物进入出库通道，RFID 读写器将再次识别货物信息，并与系统中的出库单进行比对。确认无误后，即可完成货物出库，仓管员再次确认后，则可在系统中确认出库，系统随之更新库存信息。

4. 移库环节

企业如需进行货物的调拨，同样需要根据出库、入库环节的流程进行操作，由 RFID 读写器识别货物信息并更新库存信息。基于自动化 RFID 管理，系统也可以根据识别标签的先后顺序，自动判断货物的入库、出库、移库属性。

此外，出于仓库管理的其他需要或发现货物存放位置错误时，仓管员需要对货物进行移库操作。此时，仓管员可以借助手持 RFID 读写器，手动执行移库操作，并通过手持 RFID 读写器发送库存更新信息。

5. 盘点环节

在进行库存盘点时，盘点人员可直接使用手持 RFID 读写器近距离扫描货物标签获取信息，并与管理系统进行比对，确保库存信息一致。如发现不一致的信息，则要当场进行修正。

RFID 技术可以应用于仓库管理的全部环节，借助 RFID 技术，企业可以高效地完成仓库管理任务，并大幅提升管理效率。基于管理系统的处理能力，企业还可以节省不必要的人工成本，并降低损耗率，增强企业库存管理的能力。

3.5.3 GPS、GIS 技术

针对物流行业流动性大、区域广等特点，物流管理必须对车辆、人员进行有效跟踪、监控和调度。为此，物流信息管理就必须建立信息化、图形化、网络化的作业服务平台，而其核心技术就是 GPS、GIS 技术。

1. GPS 与 GIS 技术

全球定位系统（Global Positioning System，GPS），是由美国国防部研制和维护的中距离圆形轨道卫星导航系统，该系统能够为地球表面绝大部分地区提供准确定位、测速和高精度的标准时间的服务，具有全球性、全能性、全天候等特点。

地理信息系统（Geographic Information System，GIS），属于边缘交叉科学，涉及测绘学、地理学、空间科学、计算机科学、人工智能等多个领域，该系统以地理空间数据为基础，采用地理模型分析方法，能够为地理决策服务提供多种空间和动态地理信息。其基本功能是将表格型数据展示在地理图形中，以便于结果浏览、操作和分析。

2. GPS、GIS 技术在物流中的应用

GPS、GIS 是物流信息系统的底层技术。GPS 技术用于实时监控车辆等目标位置，并根据交通状况进行实时调度；GIS 技术用于以强大的地理数据功能完善物流分析技术。

GPS、GIS 技术的有效结合，能够生成各种物流信息模型，如车辆路线模型、网络物流模型、分配集合模型等，进而构成物流信息系统，使物流信息管理更加实时、高效，且成本更低。

目前，GPS、GIS 技术的应用功能主要表现在 3 个方面。

（1）车辆定位、跟踪、实时监督功能。

GPS 技术能够实现车辆的实时快速定位，是现代物流信息管理的核心技术。企业能够借此对车辆运输情况进行实时监控，随时了解最新情况并做出决策。

在结合 GIS 技术之后，企业还能加入网络分析和路径分析等功能，预先设定最佳路径，当 GPS 显示车辆偏离既定路线时，则可以发出系统警告，提醒决策者主动介入。

（2）GPS 导航功能。

导航功能是 GPS 技术的基础功能，目前已十分完善。在结合 GIS 技术后，车载电子地图可以直接进行图上定位，从而解决传统 GPS 在城市配送中的导航难题，进而提升物流配送效率。

（3）轨迹回放功能。

GPS 与 GIS 技术结合运用，为物流信息系统带来了轨迹回放功能，成为车辆跟踪功能的重要补充，能够对车辆轨迹进行追溯。

例如，运输方可以实时将车辆运输情况及当前位置展示给客户，客户可以实时了解货物信息及其在途情况，估算运输时间，以便提前安排货物的验收、入库工作，使物流对接更加高效。

3.5.4　无线网络技术与物流技术的结合

无线网络技术的发展，使得"万物互联"的畅想逐渐走入现实。近年来，无线网络技术与物流技术逐渐实现结合，使得物联网技术在物流领域得以快速应用。

物联网（The Internet of Things，IOT）就是"物物相联"的互联网，是通过各类传感装置、RFID 技术、红外感应器、全球定位系统、激光扫描仪等技术和设备，按约定的协议，根据需要实现物品的互联互通，并进行信息交换和通信，以实现智能化识别、定位、跟踪、监控和管理的智能网络系统。

随着物联网技术在物流领域应用的逐步深入，以及在供应链运营管理中的逐渐普及，物联网与云计算、大数据、人工智能等信息技术不断融合，形成多种多样的集成应用模式，以推动产业信息化和智能化水平的提升。

1. 物联网的特征

在信息技术的快速革新中,物联网的表现形式也有所不同。但其本质特征,主要体现在 3 个方面。

(1)互联网特征。物联网作为"物"的互联网,这就要求"物"必须具有互联互通的特征。

(2)识别与通信特征。正如互联网上的每个客户都有"ID"一样,纳入物联网的"物",也必须具备自动识别与物物通信(M2M)的功能。

(3)智能化特征。物联网的"物"必须智能化,具有自动化、自我反馈与智能控制的特征。

2. 物联网的成熟应用

经过多年来的发展与实践,物联网在物流行业的一些应用已经相对成熟,主要包含 4 个方面。

(1)产品的智能可追溯系统。该系统借助货物追踪、识别、查询和管理等功能,可保障产品质量和安全,此类应用在医药、食品、烟草等领域尤为重要。

(2)物流过程的可视化智能管理网络。该网络包含 GPS、RFID、传感技术等多种物联网技术,从而对车辆、物品进行可视化管理,继而进行在线调度。

(3)物流配送中心的智能化管理系统,即智能仓储中的智能控制、自动化操作网络,该系统能够实现物流配送中心的全自动化,并与商流、信息流、资金流全面协同。

(4)智慧供应链。通过对后勤保障系统进行升级,以满足新零售、智能制造等环境下的海量个性化需求,推动整个供应链运营管理的智能化,形成全新的物流架构,如图 3.5-2 所示。

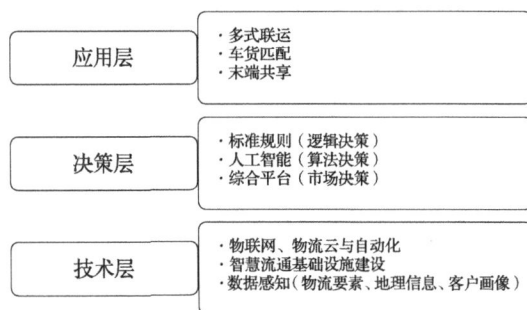

图 3.5-2　新物流架构

从新物流的逻辑架构来看，物联网不仅是新物流的重要技术支撑，也是新物流信息化与智能化的关键环节。

3. 物联网的创新应用

随着智能物流的不断发展，物联网的创新应用也不断出现，其中的典型应用有 3 个。

（1）电子商务。借助物联网技术，电商可以提升现有拣选和复核打包的效率，推动托盘、笼车等资产的可视化智能管理，加速视觉和数据分析的物流应用。

（2）车联网。车联网是物联网的重要分支，其不仅能够实现运输过程的透明化、可视化管理，也能借助智能车队管理方案，实现货运资源的全方位融合和优化配置。

（3）智能制造。随着"工业 4.0"的推进，物联网在智能制造中的应用也不断增加，通过将生产线与信息系统无缝对接，制造业的信息化、自动化、智能化水平也在不断提升。

3.5.5　JIT、CPFR、VMI 等供应链管理技术应用

物流是供应链运营的基础，而在新零售时代，物流逐渐成为供应链运营管理的主导力量。这是因为，智慧供应链的各种整合以及供应链整合方案的快速落地，都需要新物流作为支撑。

在智慧供应链环境下，物流资源的整合涉及仓、运、配等各个物流环节，借助即时配送、店仓一体、云仓等手段，可持续降本增效的智能物流，能够真正支撑"随时、随地、随意"消费体验的实现。

在这样的发展趋势下，成熟的供应链管理技术也开始应用到物流信息管理当中，如 JIT、CPFR、VMI 等。

1. JIT

即时（Just In Time，JIT）管理理念源自丰田汽车公司，一般被称为即时生产，其核心理念是"让正确的物资，在正确的时间，流动到正确的地方，数量是刚刚好的数量。"

JIT 在物流信息管理中的应用则是即时物流模式，其是订单物流模式的一种特殊形式，通过精确地测定生产线各环节效率，企业可以按照渠道订单制订更加准确的计划，从而消除无效作业与浪费，达到精益管理的目的。

在即时物流模式下，企业虽然同样以渠道订单为驱动，但由于生产计划源自渠道客户最近一周的订单，因此，企业能够具备更强的反应能力，再加上均衡生产、看板管理等管理手段，企业可以在控制物流成本的同时，获取较大的反应优势。

2. CPFR

协作计划、预测和补货方法（Collaborative Planning, Forecasting, and Replenishment；CPFR）强调供应商及零售商的合作及信息共享，根据及时、准确的信息进行准确预测，并合理安排补货，从而减少库存、物流及运输成本，提高供应链效率。

CPFR 是一种新型合作关系，其对供应链的协同与决策，实际可以分为协同规划、协同预测及协同补货 3 个阶段，由合作伙伴共同参与，并以客户需求为中心，面向价值链，优化供应链效率并改善客户服务。

3. VMI

供应商管理库存（Vendor Managed Inventory，VMI）的核心内涵是将

库存交由供应商管理，依靠一个共同的协议以及持续的监督和修正，以实现库存管理的持续性改进，让企业和供应商的成本都能降到最低。

在 VMI 策略下，供应商能够直接获取企业的用料数据，即客户的消费数据，并负责将库存维持在一定水平。在这个原则下，供应物料的品种、数量和频率，都由供应商决定，在供应商完成补货并由企业签收之后，即可以此作为结款凭证。

第4章
智能时代的仓储管理策略及方法

　　仓储管理就是对仓库及库内物资进行管理。在仓储成本不断增高的当下，仓储管理必须对现有仓储资源进行合理优化，以实现高效的仓储服务。

　　作为一门经济管理学科，仓储管理同样涉及应用技术。随着智能时代的不断发展，企业必须及时调整仓储管理策略及方法，不断优化仓储规划、物品入库、日常仓储以及物品出库等环节的作业效率。

4.1 仓储规划管理

　　仓库规划管理，就是为了在确保成本可控的前提下，实现物品在仓库内快速、准确地流动。这个目标的实现，必然立足于仓库的有效选址与布局，以及货位的合理布置，即完善的仓储规划管理。

　　仓储规划管理应当视具体情况而定，为了做出更加完善的设计，仓储规划管理应当遵循以下 7 个原则，如图 4.1-1 所示。

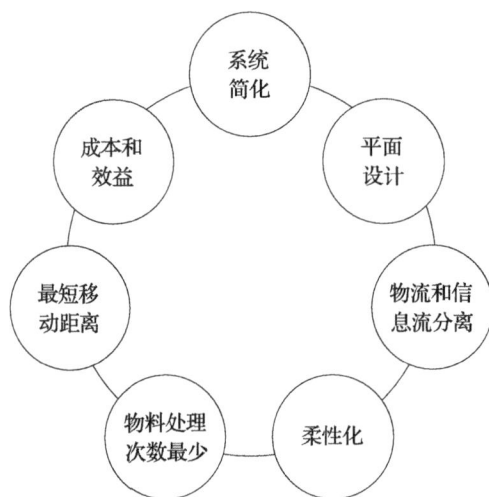

图 4.1-1　仓储规划原则

1. 系统简化原则

　　由于仓储物品品种多、外形复杂，所以仓储管理同样面临较为复杂的情况。对此，企业应当遵循系统简化的原则，对散装物品进行重新包装，组成标准的储运单元。

在此过程中，也需考虑运输车辆的载重量及载重空间，以及装卸设备、仓储设施等元素，确保各环节可以协调配合，在异地中转时也无须换装，从而简化仓储作业流程、降低系统成本、提高仓储效率。

2. 平面设计原则

如无特殊要求，仓储管理应当尽量保持在同一平面进行，从而减少作业效率低、能源消耗大的起重机械的数量，进一步简化仓储管理流程，提高系统效率。

3. 物流和信息流分离的原则

物流和信息流的结合，能够有效解决物流流向的控制问题，以提高仓储管理准确率，这也是智能时代信息化管理的必然要求。为此，将物流和信息流分离，则可以实现信息的一次识别，并通过计算机网络将信息传递至各个节点，避免各节点分别读取信息造成的浪费。

4. 柔性化原则

智能时代的仓储环境存在复杂多变的特点，仓储货物的品种、规格和数量都可能发生改变。因此，在进行仓储规划管理时应遵循柔性化的原则，采购更具柔性的机械和机械化系统，并确保仓库可以扩大规模。

5. 物料处理次数最少原则

仓储管理涉及大量物料处理作业，而每一次物料处理都需要耗费时间和费用，也可能形成安全隐患。在进行仓储规划管理时应遵循物料处理次数最少原则，减少不必要的移动，或引入可以同时进行多个操作的设备。

6. 最短移动距离原则

物料移动的距离越短，所需的时间和费用也就越少。为此，在进行仓储规划管理时应当妥善考虑物料移动的路线，避免路线交叉，保持物流畅通。

7. 成本和效益原则

更多的投资，必然意味着更优秀的仓储管理，但也代表更高的成本。成本与效益原则，就是要考虑投资成本和系统效益，在满足仓储管理需求的前提下，尽量减少投资成本。

4.1.1 仓库选址与布局

仓库选址与布局，是仓储规划管理中至关重要的一个环节，直接影响货物流转效率和费用，进而影响客户服务水平和服务质量，最终影响企业竞争力。

1. 选址因素

在进行仓库选址时，主要考虑自然环境、经营环境、基础设施和其他因素，如表 4.1-1 所示。

表 4.1-1 仓库选址的考虑因素

序号	考虑因素	具体因素	说明
1	自然环境	气象条件	年降水量、空气温度与湿度、风力、无霜期长短、冻土厚度等
2		地质条件	土壤的承载能力，避免淤泥层、流沙层、松土层等不良地质环境
3		水文条件	远离容易泛滥的大河流域和易上溢的地下水区域，地下水位不能过高
4		地形条件	地势高，地形平坦的地方，尽量避开山区及陡坡地区
5	经营环境	政策环境	是否有优惠的物流产业政策对物流产业进行扶持，当地的劳动力素质的高低
6		商品特性	与产业结构、产品结构、工业布局紧密结合
7		物流费用	选址尽量接近物流服务需求地，如大型工业、商业区
8		服务水平	是否能及时将货物送达目的地，满足客户需求
9		竞争对手	竞争对手的竞争策略，与竞争对手的实力对比，与竞争对手的差异
10	基础设施	交通条件	交通便利，最好靠近交通枢纽，如港口、车站、交通主干道
11		公共设施	城市的道路畅通，通信发达，有完善的基础设施，如水电供应能力、垃圾处理能力

序号	考虑因素	具体因素	说明
12	其他因素	国土资源利用	充分利用土地，节约用地，充分考虑地价的影响
13		环境保护要求	保护自然与人文环境，尽可能减少对城市生活的干扰
14		地区周边状况	周边不能有火源，不能靠近住宅区，周边地区的经济发展情况

2. 选址程序

基于仓库选址与布局需要考虑的诸多因素，企业应当建立完善的选址程序，确保仓库选址合理，如图 4.1-2 所示。

图 4.1-2　仓库选址程序

仓库选址必须严格按程序进行，为了做出最科学的选择，在初步筛选并制定选址方案之后，妥善的定量分析必不可少。常见的定量分析方法有 3 种。

（1）量本利分析法。

任何选址方案都需要投入一定的固定成本和变动成本，且成本和收入都随着仓库储量而变化。

量本利分析法就是对成本和储量进行量化分析，计算出各方案的盈亏平衡点的储量，及各方案总成本相等时的储量，进而进行比较，选择在同一储量上利润最大的方案。

（2）加权评分法。

仓库选址需要考虑多种因素，因此，企业可以根据自身需求对各因素进行选择并给予相应权重，从而对各选址方案进行加权评分，最终根据得分选择方案。

其具体实施步骤一般如图 4.1-3 所示。

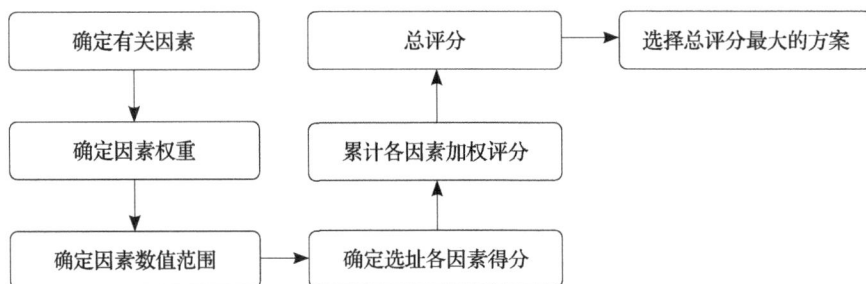

图 4.1-3　加权评分法实施步骤

（3）重心法。

重心法是一种通过选择中心位置降低成本的方法。重心法将成本看作运输距离和运输数量的线性函数，即距离越长或数量越多，成本越高。

因此，企业可以先在地图上确定各点的位置，再设定各点位置的坐标，计算出重心位置，即选址所在地。

3. 仓库布局

在选定仓库地址之后，企业需进一步确定仓库内的布局方案。

（1）总体构成。

大型仓库一般包含生产作业区、辅助生产区、行政生活区 3 个部分，仓库总体构成如图 4.1-4 所示。

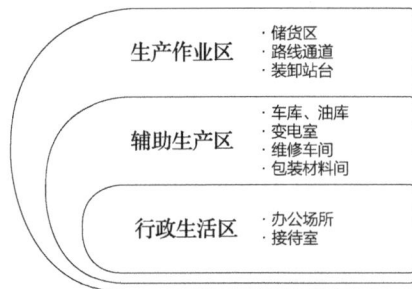

图 4.1-4　仓库总体构成

（2）布局形式。

根据仓储需求的不同，仓库布局一般按照物料流动路线分为 3 种形式。

①U 形流动，如图 4.1-5 所示。

图 4.1-5　U 形流动

② 直线形流动，如图 4.1-6 所示。

图 4.1-6　直线形流动

③T 形流动，如图 4.1-7 所示。

图 4.1-7　T 形流动

4.1.2　货位的布置与编号

完成仓库选址与布局之后，企业即可开始设置货位。所谓货位，就是仓库中货物存放的具体位置。一般而言，不同位置和功能的货位用于存放不同货物。

1. 货位布置原则

根据仓储需求，每个仓库的货位位置和形态各异，但一般都需遵循 8 个布置原则。

（1）物品面向通道存放，以便于出入库。

（2）尽可能向高处码放，以提高仓库利用率。

（3）按照出库频率大小，由近向远码放。

（4）按照物品质量大小，由近向远码放。

（5）按照物品体积大小，由近向远码放。

（6）按照物品质量大小，由下往上码放。

（7）按照物品体积大小，由下往上码放。

（8）加快周转，先入先出。

2. 货位编码

正如前文所述，货位编码一般按照"四号定位"法进行，也即"库号 – 架号 – 层号 – 位号"。

货位编码一般遵循 3 个原则。

（1）库号一般采用英文字母表示，其他 3 个编码则采用阿拉伯数字。

（2）编号位数视储位数量而定。

（3）编码完成后，应用醒目字体制作成标牌及标签，悬挂、粘贴在相应位置。

4.2　物品入库管理

在日常运作过程中，物品入库是仓储管理的起点。只有从物品入库阶段就做好规范管理，后续管理才能有序进行。因此，仓储管理必须明确物品入库作业及其流程，并确定入库管理制度和常用文件与表格。

4.2.1　物品入库作业及其流程

物品入库作业是指接到入库通知单后，从提货到办理入库手续等一系列操作所组成的工作过程。入库作业具体流程如图 4.2-1 所示。

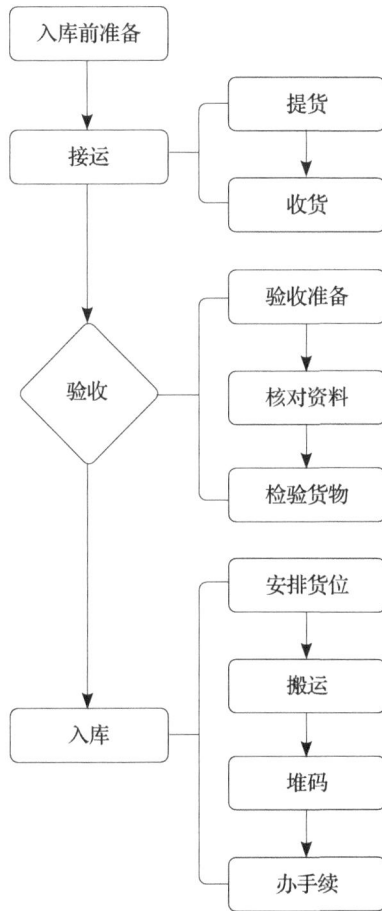

图 4.2-1　入库作业流程

1. 入库前准备

入库前的准备工作有很多，只有做好了入库前的准备，才有可能真正管理好入库相关事宜。具体来说，入库前的准备工作如图 4.2-2 所示。

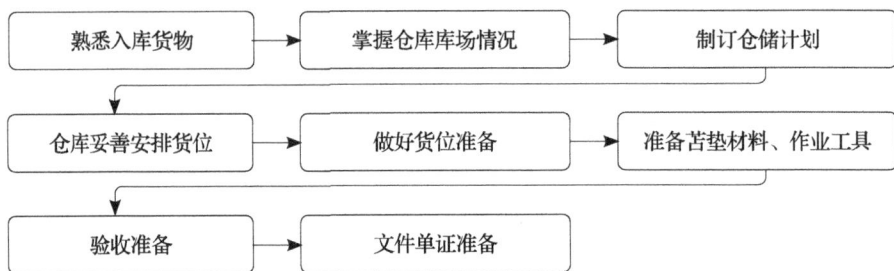

图 4.2-2　入库前的准备工作

（1）熟悉入库货物。

仓库业务人员、管理人员应认真查阅入库货物资料，必要时可询问存货人，掌握入库货物的品种、规格、数量、包装状态、单位体积、到库时间、货物存期、货物的理化特性、保管的要求等，以精确和妥善地进行库场安排和准备。

（2）掌握仓库库场情况。

了解货物入库期间、保管期间仓库的仓容、设备、人员的变动情况，以便安排工作。必要时对仓库进行清查，清理归位，以便腾出仓容。对必须使用重型设备操作的货物，一定要确保可使用设备的货位。

（3）制订仓储计划。

仓储业务部门根据货物情况、仓库情况、设备情况，制订仓储计划，并将任务下达各相应的作业单位、管理部门。

（4）仓库妥善安排货位。

仓库部门根据货物的性能、数量、类别，结合仓库分区、分类保管的要求，核算货位大小；根据货位使用原则，妥善安排货位，验收场地，确定码垛方法、苫垫方案等准备工作。

（5）做好货位准备。

仓库保管员要及时进行货位准备，彻底清洁货位，清除残留物，清理排水管道，必要时安排消毒除虫、铺地；详细检查照明、通风等设备，发现损坏及时通知修理工。

（6）准备苫垫材料、作业工具。

在货物入库前，根据确定好的苫垫方案准备相应的材料，并组织衬垫铺设作业，将作业所需的用具准备妥当，以便能及时使用。

（7）验收准备。

仓库理货人员根据货物情况和仓库管理制度，确定验收方法；准备验收所需的计数、测试、开箱装箱、质量测量、长度测量、移动照明等工具。

（8）文件单证准备。

仓库保管员对货物入库所需的各种报表、单证、记录簿，如入库记录、理货单、料卡等预填妥善，以备使用。

2. 接运

接运的主要方式有 4 种，如图 4.2-3 所示。

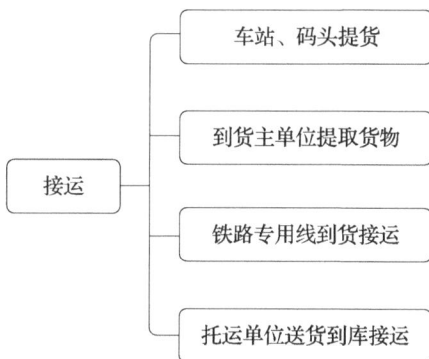

图 4.2-3　接运的主要方式

这 4 种接运方式比较常见，是企业入库管理过程中常用的手段，各种方式的具体内容如下。

（1）车站、码头提货。

这是由外地托运单位委托铁路、水运、民航等运输部门将货物送达本埠车站、码头、民航站后，仓库依据货物通知单派车提运货物的作业活动。在接受货主的委托，代理完成提货、末端送货活动的情况下，也会发生到车站、码头提货的作业活动。这种到货接运形式大多是提取零担托运、到货批量较小的货物。

（2）到货主单位提取货物。

这是仓库受托运方的委托，直接到供货单位提货的一种形式。其作业内容和程序主要是当仓库接到托运通知单后，做好一切提货准备，并将提货与物资的初步验收工作结合在一起进行。采用这种接运方式接收货物时，最好在供货人员在场的情况下，当场验收货物。

（3）铁路专用线到货接运。

这是指企业备有铁路专线，整车或零担到货接运的形式。铁路专线一般都与公路干线联合。在这种联合运输形式下，铁路承担主干线、长距离的货物运输，汽车承担直接面向收货方的短距离的运输。

（4）托运单位送货到库接运。

当托运单位与仓库在同一城市或相距较近，不需要长途运输时通常采用这种接运方式。其作业内容和程序是：当托运方送货到仓库后，仓库根据托运单（需要先办理托运手续）当场办理验收手续，这个过程包括检查外包装、清点数量、做好验收记录等。如有质量和数量问题，托运方应在验收记录上签字。

3. 验收

何谓验收？验收即仓库在物品正式入库前，按照一定的程序和手续，对到库物品进行数量和外观质量的检查，以验证其是否符合订货合同的规定。

日常入库管理中，验收的价值非同小可。

通过验收，能避免不必要的经济损失、评估供应商和承运人的服务质量。此外，验收记录可作为退货、换货和索赔的依据。

验收准备及工作内容如表4.2-1所示。

表 4.2-1　验收准备及工作内容

项目	内容
验收准备	① 全面了解物品的性能、特点和数量，根据需求确定存放地点，垛形和保管方法。准备堆码、苫垫所需材料和装卸搬运机械、设备及人力，以便验收后的物品能及时入库保管存放，减少货物停流时间；若是危险品，还需要准备防护设施 ② 准备相应的检验工具，并做好事前检查，以保证验收数量的准确性和质量的可靠性
工作内容	保管员判明实属本库保管物后，应对物资及凭证认真进行检查，核对所收物品名称、规格、数量、质量等。当物品及凭证完全符合时，按公司物资检验制度规定抽取部分物品送往有关部门进行质检。暂不验收的物品应存放在待验区

入库物品须具备下列凭证。

① 货主提供的入库通知单和订货合同副本，这是仓库接收物品的凭证。

② 供货单位提供的验收凭证，包括材质证明书、装箱单、磅码单、发货明细表、说明书、保修卡及合格证等。

③ 承运单位提供的运输单证，包括提货通知单和登记货物残损情况的货运记录、普通记录以及公路运输交接单等。这些单证是与责任方进行交涉的依据。

④ 入库通知单、订货合同要与供货单位提供的所有凭证逐一核对，确认相符后，才可以进入下一步的实物检验；如果发现有单证不齐或不符等情况，要与货主、供货单位及承运单位及时联系。

当然，验收的方式也是多种多样的，从大的范围来看，一般分为数量验收和质量验收，如图 4.2-4 所示。数量验收又可以分为逐件清点、检斤丈量、堆码后清点、抽检等几种方式。

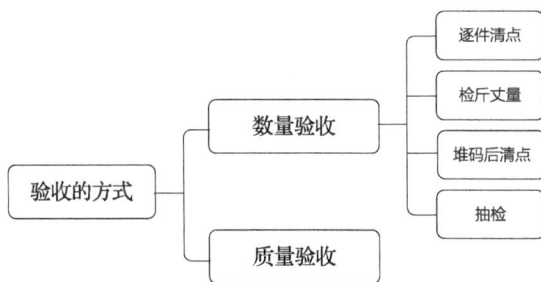

图 4.2-4　验收的方式

（1）数量验收。

① 逐件清点。多品种、小批量的货物需要分系列、分色、分码入库时，就需要逐件清点，在有时间的情况下甚至要打开成捆或成件的包装，逐件清点。

② 检斤丈量，具体内容如表 4.2-2 所示。

表 4.2-2　检斤丈量的内容

序号	内容
1	检斤物品一律按实际重量验收，并按一定比例抽检
2	换算检斤交货的，按规定的换算标准验收，并在入库单上标明换算的依据、实际袋数、件数、尺寸
3	检斤物品应全部点清件数，同时记录毛重、皮重和净重
4	小件散货大量入库，如果体积、重量、规格相同，可以用检斤丈量的方法验收
5	用其他方法计量验收的物品，按有关的规定验收

③ 堆码后清点。品种少、数量大、单件体积小、包装形状规范的货物适合堆码后清点。堆码时要求将货物在托盘、货架上或容器里，按固定的规律码放，每行、每层数量一致，垛高一致，每垛数量一致，零头放在最外面的一垛上，且处于明显的位置。

④ 抽检。对于大包装货物，应按一定比例（1% ~ 10%）拆包验货，检查包装和商品是否一致。大批量、同规格、同包装、质量较高、值得信赖的商品可以采用抽检的方式验收。

（2）质量验收。

质量验收的具体内容如表 4.2-3 所示。

表 4.2-3　质量验收的具体内容

序号	内容
1	核对物品的品名、规格、型号、材质等
2	检查物品的外观状况
3	核对合格证或技术证
4	检查设备是否成套，配带的零件是否齐全
5	进行一般性的内部结构检查，如对机电设备做必要的电阻测试
6	在外观检查中发现问题，需要做进一步理化性能检验时，应报技术部门、质检部门决定处理
7	需要开箱和拆件时，应保证不损坏物品本身，检验后尽量恢复原包装

4.2.2　入库管理

为了确保物品入库各作业环节的有序进行，在入库管理中，企业还应引入目视管理、定置管理和看板管理方法。

1. 目视管理

所谓目视管理，通俗的说，就是一眼即知的管理。目视管理借着眼睛视察而能看出异常所在。在工作场所中发生的问题点、异常、浪费等，都可一目了然。目视管理的有效实施，不仅可以简化入库管理流程、建立快速发现异常的制度、提高执行力，而且能够起到警示作用，减少差错。

目视管理的实施主要包含 4 方面的内容。

（1）定位目视管理。

定位目视管理就是借助画线、分区等方式，对现场进行定位管理。具体内容如表 4.2-4 所示。

表 4.2-4　定位目视管理

序号	区域	定位对象	定位要求
1	通道线	通道线	黄色或白色实线，线宽 100mm
2		人行通道	黄色虚线（画线长 300mm，画线与画线间间隔 300mm），宽 100mm
3		人行通道转弯处	黄色当心标识（Caution）
4	存放区	成品	白色实线，线宽 80mm
5		返修品	黄色实线，线宽 80mm
6		废品	红色实线，线宽 80mm
7		其他	黑色实线，线宽 80mm

（2）色彩目视管理。

色彩是目视管理中重要的部分，目视管理要求料子、合理、巧妙地运用色彩，并实现统一的标准化管理，不能随便更改。色彩目视管理可以增强企业的现场识别能力和提高管理效率，从而达到高效管理的要求。色彩目视管理主要内容如表 4.2-5 所示。

表 4.2-5　色彩目视管理

适用项目	基准颜色
车间主通道	黄色
仓库主通道	
一般区域线	
辅助通道线	
开门线	
周转区域线	
桌面物品定置线	
人行通道	
废品区	红色
化学品区	

适用项目	基准颜色
配电柜区	红色
消防区	
危险区域	
线槽	
垃圾桶	白色
清洁工具	

在确定色彩目视管理标准之后，企业就要按照要求在相应的地方刷不同颜色的油漆或粘贴不同颜色的胶带，使现场规范化。

（3）标识目视管理。

给各种状态下的物品贴上标识，成为唯一可识别的验证环节，而在物品需求的时候通过标识来传递需求信息是我们应该关注的重要方面。

例如，表盘标识适用于电流表、电压表、温度计等。员工观察计量器指针的位置，就能立刻判断设备状态是否正常，并及时处理异常。表盘目视管理如图 4.2-5 所示。

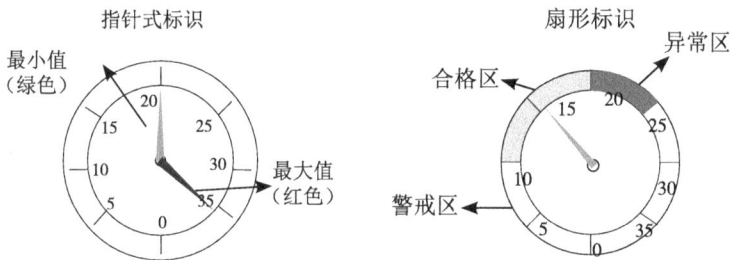

图 4.2-5　表盘目视管理

设备、工具的状态，以及其各个环节的控制要求都需要通过标识来显示，这样可以提高作业效率，也可以使员工依赖设备、工具的稳定性，减少错误发生的概率。

（4）音频、视频目视管理。

运用电子技术在生产制造现场实现信息的有效分析和传递成为仓储管理的要点，通过音频和视频，让现场的信息迅速而高效地呈现在管理人员的面前，从而形成外界的刺激推动企业问题的解决。

例如，当入库通道出现故障时，暗灯系统报警，同时响起报警音乐，信息看板会显示报警位置，方便相关人员及时处理问题。

2. 定置管理

定置管理是以生产现场为主要研究对象，分析人、物、场所的状况及联系，并通过整理、整顿不断改善生产现场的条件，促进人、机器、原材料、制度、环境有机结合的一种方法。

有效的定置管理，需要根据物流运动的规律性，按照人的生理、心理、效率、安全的需求，科学地确定物品在工作场所的位置，实现人与物的最佳结合。

定置管理的实施步骤主要分为以下3步。

（1）清除与生产无关之物。

作业现场中凡与作业无关的物品，都要清除干净。清除与作业无关的物品时应本着"双增双节"的精神，能转变利用便转变利用；不能转变利用时，可以将物品变卖，转化为资金。

（2）按定置图实施定置。

各车间、部门都应按照定置图的要求，将器具等物品进行分类、搬、转、调整并定位。定置的物品位置要正确，摆放要整齐。可移动物，如推车等也要定置到适当位置。

（3）放置标准信息名牌。

放置标准信息名牌时要做到牌、物、图相符，设专人管理，不得随意挪动。要以醒目和不妨碍生产操作为准则。

总之，定置管理必须做到：有图必有物，有物必有区，有区必挂牌，有牌必分类。按图定置，按类存放，账（图）物一致。

3. 看板管理

看板管理最初是丰田汽车公司于 20 世纪 50 年代从超级市场的运行机制中得到启发，作为一种生产、运送指令的传递工具而被创造出来的。其是使 6S 管理工作中的各项指标透明化的重要手段。

用看板的形式将需要重点管理的项目，如产品、货位位置及数量等揭示出来，使管理状况一目了然，有利于提高入库管理效率。

看板管理的实施，主要需要关注样式、内容和时效性 3 个方面。

（1）样式合理。

看板样式设计，必须符合如下原则：设计合理、容易维护、动态管理、一目了然、内容丰富、引人注目。

需要注意的是，企业需要关注看板标识的艺术性，字体、字号等都会直接影响看板的美观程度，尽量用鲜明的色彩来进行标识，醒目的文字容易引起人们的注意，能有效传递信息并达到管理的目的。

（2）内容完善。

在不同的使用场景中，看板的内容也有所差异，入库管理阶段应根据作业需求定制看板。

一般而言，看板的主要内容包括库存信息、货位信息、机器故障情况、目标提案、改善建议、专案活动信息等。常见的管理看板主要有入库看板、货位看板、质量信息看板、制度看板、现场布局看板、发货动态看板等。

例如，现场看板主要采用电子显示屏进行实时显示，所有生产过程全部用计算机进行监控，操作者只需根据显示屏上显示的信息来进行操作，所有生产过程都会实时显示在显示屏上。

（3）时效性。

看板管理在入库环节的运用当中必须有时效性。

① 及时修正。及时对库存变化进行标准修正，以避免因信息不及时而影响入库效率。

② 及时替换。及时进行看板内容及标准的替换，以适应事物发展的过程性和递进性，并避免对一线的员工在思想上或工作上造成误导。

4.2.3 物品入库管理制度

入库管理制度，是指企业为规范入库管理制定的制度。

物品入库管理制度一般包含6方面的内容。

1. 目的

确定物品入库环节的作业规范，提高入库管理效率，确保账、物相符，保证物资的完整、安全。

2. 适用范围

适用于企业原材料仓库、半成品仓库、成品仓库和待处理仓库。

3. 职责

入库主管主要负责入库的相关工作及人员安排，下辖收货组、入库组和上架组，各组分别处理不同的事务。

（1）收货组，负责对收到的货物进行验收，核对货物型号、数量等细项，对不符合要求的货物进行拒收。

（2）入库组，负责将验收完的货物入库，并将入库信息录入企业 ERP 系统。

（3）上架组，负责将信息已录入 ERP 系统的货物摆放在货架的相应位置。

4. 检验依据

检验依据为国家标准，基本检测手段为目测及检查合格证等相关标识。

5. 入库原则

入库单"九不签"原则，如表 4.2-6 所示。

表 4.2-6　入库单"九不签"原则

序号	入库单"九不签"原则
1	物资不到不签
2	物资验收质量不合格不签
3	物资保管员不知道的或未经库房验收的不签（特殊情况领导签字）
4	数量不够，规格型号不符或内容不详细的不签
5	没有填写到货日期的不签
6	没有经办人和填发人的不签
7	进货价格过高，未了解清楚之前不签
8	物资不在计划之内的不签
9	内容有涂改的不签

6. 入库规定

对物品入库作业及其流程进行详细规定，详细内容见 4.2.1 小节。

4.2.4　物品入库管理常用文件及表格

物品入库的有效管理，需要立足于各种文件及表格，只有如此，才能确保所有流程合规，且便于后期核对以及日常管理。

为了提高管理效率，企业可以引入库存管理系统，进行信息化管理。

具体而言，物料入库管理常用的文件及表格主要包括 4 种。

1. 入库单

入库单是入库管理的基础文件，需要严格填写。

入库单主要包含 3 个方面的内容。

（1）基本信息。如供货单位、供货人（领料人）、经办人等。

（2）单据信息。如单号、日期等。

（3）物料信息。如货物名称、规格型号、单位、单价、所属库别等。

2. 入库检验单

入库检验单主要展现物品的检验情况，如图 4.2-6 所示。

	计量单位	数量	检验日期	检验数量	合格数量	验收结论
	件	50	2004-9-10	5	5	合格 ☑
				5	5	

入库检验单

制单日期： 2004-9-10　　检验单编号： 10000001　　入库单编号： 10000006
状态： 录入

制单人：×××

图 4.2-6　入库检验单

3. 货物列表

货物列表主要展现仓库中所有货物的信息。

货物列表主要包含 5 个方面的信息。

（1）编号，即货物编码，是货物的唯一标识，每类货物必须有一个编号并且不能重复。可以根据企业的编码规则制定编号，也可以直接使用顺序编号。

（2）货物信息，这主要包括货物名称、规格型号、单位、分类等。

（3）货物价格，这主要包括入库参考价、出库参考价。货物价格是货物出入库时的默认单价，在库存盘点做账时一般将这些数据作为参考。在实际操作中，每种货物都可以有多个单价，并不是只能使用参考价。

（4）期初库存，即货物最初的库存数量，后续根据出入库记录，在此数量基础上进行加减，如无期初库存则可填写 0。

（5）期望库存，这主要包括最低库存、最高库存。企业可以根据库存管理计划自行设定期望库存。设定期望库存有利于后续库存管理，有利于库存管理系统在货物库存水平太低或超高时发出库存警报。如果不设定期望库存，则可以填写 0。

4. 当前库存汇总表

当前库存汇总表主要展现最新的物品库存信息。根据既定的最低库存和最高库存，汇总表还需显示存量提示信息。

5. 进出库明细表

进出库明细表主要展现所有物品的进出库明细，如图 4.2-7 所示。

返回菜单	规范日期						进 出 库 明 细							
编号	货物名称	规格型号	单位	单价	数量	金额	分类	出入类别	单据类型	进出日期	供领单位	供领人	经办人	凭证单号
1001	示例货物1	54*3	个	10	2	20	分类1	采购入库	入库单	2016-04-15	示例供应商1	小红	陈明	RK160415001
1003	示例货物3	12*50	套	10	2	20	分类2	采购入库	入库单	2016-04-15	示例供应商1	小红	陈明	RK160415001
1005	示例货物5	DN020	片	10	2	20	分类1	采购入库	入库单	2016-04-15	示例供应商1	小红	陈明	RK160415001
1002	示例货物2	DN015	片	13	2	26	分类3	销售出库	出库单	2016-04-15	示例客户1	张三	陈明	CK160415001
1004	示例货物4	DN015	片	12	2	24	分类2	销售出库	出库单	2016-04-15	示例客户1	张三	陈明	CK160415001
1006	示例货物6	DN015	个	14	2	28	分类3	销售出库	出库单	2016-04-15	示例客户1	张三	陈明	CK160415001

图 4.2-7   进出库明细表

4.3   日常仓储管理

日常仓储管理就是对库内物资的管理，在确保物料完整、安全的同时，企业更要在日常做好库存监控，确定库存的订货点和订货量，在确保满足企业经营需要的前提下，合理控制库存量，避免因库存积压而造成管理成本增加。

4.3.1   零库存与适当库存

库存管理是供应链管理不可或缺的一环，更是精益供应链管理的核心环节之一。企业在做好预测、计划及物料采购之后，就需要进入收货环节，即

物料到库的环节。库存管理流程如图 4.3-1 所示

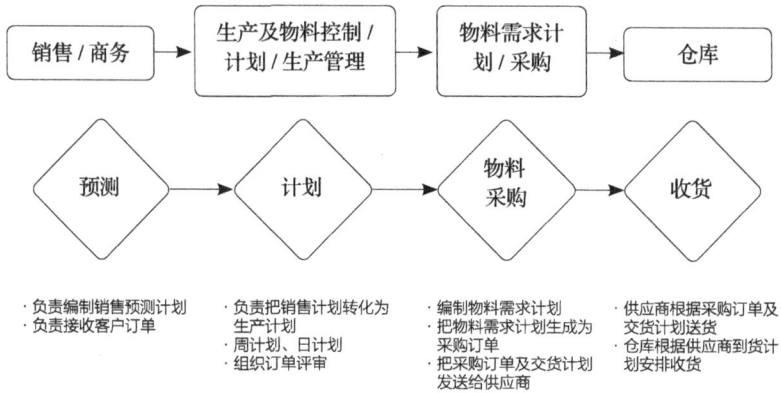

图 4.3-1　库存管理流程

库存存在于供应链的各个环节，但由于库存带来的各项管理成本以及资金占用，所以很多企业将库存看作"万恶之源"，因而期望采用零库存的管理方法，但在实际操作中，零库存的实现难度极大，企业应正视库存的正面意义。

1. 零库存

零库存作为一种特殊的库存概念，是指物料始终存在于采购、生产、销售、配送等环节当中，处于动态周转状态，而不以仓库存储的静态形式存在。

例如，提出并实践零库存管理的丰田汽车公司，就在管理手段上采用了看板管理，并以单元化生产等技术实行拉式生产，确保了生产过程中没有积压的原材料和半成品。丰田汽车公司借助这种需求拉动生产的生产制造方式，大大减少了生产中的库存和资金积压。

在这样的理念下，零库存的实现方式主要有 3 种。

（1）委托保管方式。

委托保管方式是指将物料委托给第三方保管，企业无须再保有库存，从

而实现零库存。

这种方式的优势在于，在第三方仓储日益成熟的当下，委托方只需支付一定费用，即可享受较高水平的仓储服务，并省去了建设仓库的大量成本和管理费用，企业可集中力量于生产经营。

但这种方式只是将库存转移给第三方，无法实现整个供应链的库存降低。

（2）协作分包方式。

协作分包方式是指基于完善的供应链协同运作，由供应链核心企业进行业务分包，从而对供应链进行协调管理，确保供应链各环节的运作节奏一致。

例如，主企业负责产品装配和市场指导，分包企业则负责劳务、零部件制造、供应和销售等环节。如此一来，分包零部件制造的企业，只需按照主企业生产速率，在规定时间将零部件送至主企业即可。而主企业则可在完成产品装配后，直接将产品送至分包销售企业处，从而降低整个生产流通环节的库存总量。

（3）轮动方式。

轮动方式也称同步方式，是在对系统进行周密设计的前提下，使各个环节都保持完全协调的运作速率，从而在根本上消除库存，甚至消除工位之间暂时停滞的物料，达到完全的零库存。

这种方式可以理解为一条更大规模的传送带生产线。假设有一条传送带能够连接生产供应的所有环节，那么，物料就可以通过这条传送带经过供应链中的所有环节，使产品生产和材料供应同步进行。

从软件层面理解，轮动方式可以转型为准时方式（即采用准时供应系统），依靠有效的衔接和计划，实现工位、供应与生产之间的协调。

2. 适当库存

零库存模式当然能够极大地提高企业运作效率、降低库存成本，但在实践当中，想要实现真正的零库存并非易事。

无论是协作分包方式，还是轮动方式，都需要企业对供应链管理具有极强的控制力，也需要企业具有较强的仓储规划和管理能力，因而并不适用于一般企业。而委托保管方式，则并非真正意义上的零库存管理。

因此，在日常仓储管理中，企业必须正视库存存在的合理性和必然性，在追求零库存之前，先实现适当库存。

所谓适当库存，其实就是遵循 5R 原则，在适当的时候，以适当的价格，从适当的供应商处，采购所需数量的质量合格的物品，如图 4.3-2 所示。

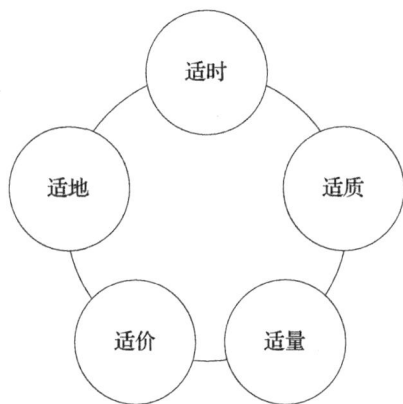

图 4.3-2　适当库存的 5R 原则

（1）适时（Right time）。

适时就是要求供应商在规定时间准时交货，既不能延迟，也不能提前。

① 延迟交货可能导致后续工序停滞，而在恢复生产后，又可能需要加班以保持生产进度。

② 提前交货则会造成库存增加，这会导致企业管理费用的增加。

（2）适质（Right quality）。

适质就是要求供应商供应的物料应当是适当的，符合技术要求的。

这就要求企业与供应商事先签订质量保证协议，并对来料质量进行确认和控制。针对长期合作的重要供应商，企业甚至可以派检验人员驻厂。

（3）适量（Right quantity）。

适量就是要求来料的数量符合企业需求，也即经济的订货数量。

确定订货数量一般需要考虑 3 个因素。

① 价格优惠。订货数量越大，价格就越低。

② 订货次数和采购费用。订货次数越多，则单次采购数量就越少，但采购费用会越多。

③ 库存维持费用和库存投资的利息。

（4）适价（Right price）。

适价就是要求物料的价格符合企业经营需求，这也是采购部门最关注的要素。

物料的价格直接影响最终产品或服务的价格，企业应当学习并掌握合适的定价方法。

（5）适地（Right place）。

适地就是要求供应商与企业保持尽可能近的距离，以降低运输成本、提高沟通协调效率。

4.3.2　ABC 分类管理法

库存需要控制，但并非所有的库存都需要做相同程度的控制。每种库存的重要性并不相同，应采取的控制方式及程度也不同，故需要在日常仓储管理中采用 ABC 分类管理法分别进行控制。

1. ABC 分类管理法的实施

ABC 分类管理法包含分类和管理两个环节。

（1）库存分类。

对所有库存建立详细资料，然后按以下准则将所有库存分为 ABC 三类，如表 4.3-1 所示。

表 4.3-1　ABC 分类管理法的分类

序号	分类	说明	比例
1	A	数量少、金额大，即重要的少数	数量占 10%，价值占 70%
2	B	数量介于 A 类和 C 类之间，数量占比与价值占比相差不大	数量占 25%，价值占 20%
3	C	数量多、金额小，即不重要的大多数	数量占 65%，价值占 10%

（2）ABC 分类管理法的管理。

根据 ABC 三类库存的数量和金额，对 ABC 三类库存做不同程度的管控。

①A 类。A 类库存价值高、数量少，会占用大量资金。需要有一套完整的记录，以分析其需求状况（需求数量、需求时间），严格计算前置时间，适时订购，尽量降低其库存量。

②B 类。不必详细预测 B 类库存的未来需求量，只要每天对库存的增减加以记录，达到订购点，以经济订购量进行订购即可。

③C 类。C 类库存价值低、数量少，需要的资金少。如果设立一套完整的计划，并严格地进行库存控制，则所能节省的费用往往低于增加库存的成本，并不划算。C 类库存一般采用大批购买的方式，并用复仓式备料物控技术来控制，以免影响工作进度。C 类库存应存放在公开的地方，且离作业员越近越好。

2. 适用场景

ABC 分类管理法是极为重要的管理工具，凡需要实行重点管理的各个层面都适用。常见的适用场景有 4 种。

（1）供应商 ABC 分类，指按向供应商采购时支付的金额的多少，将供应商分为 A、B、C 三类。其中 A 类供应商，因企业向其支付的金额大，所以可争取到较大的采购价折扣。

（2）库存成本金额 ABC 分类，指按库存成本的大小，将库存分为 A、B、C 三类。A 类库存成本金额较大，通过控制 A 类库存，可降低的库存成本金额理应较大。

（3）来料不良率 ABC 分类，指按来料不良率的高低，将物料分为 A、B、C 三类。A 类的来料不良率高，应更换供应商；B 类的来料不良率一般，应督促供应商提高品质，降低来料不良率；C 类的来料不良率低，继续保持供货关系。

（4）采购金额 ABC 分类，指按物料采购金额的多少，将物料分成 A、B、C 三类。其中 A 类物料的采购金额大，应多找几家供应商进行比价、议价，以达到降低采购成本的目的。

4.3.3　订购点法与安全库存

精准控制库存是指在确保生产安全和客户满意的同时，让库存量处于最小值。

要做到这一点，企业就要掌握订购点法，确定安全库存。

1.　相关概念

订购点法或订货点法（Order Point Method），是指某种物料或产品因生产或销售而库存量逐渐减少，当库存量降低到预先设定的某一点时，即开始发出订货单（采购单或加工单）来补充库存；当库存量降低到安全存量（Safety Stock，SS）时，发出的订货单所订购的物料（产品）刚好到达仓库，补充前一时期的消耗。预先设定的这个点，就称为订购点。

在实施订购点法之前，企业首先要明确安全存量、最高存量、最低存量 3 个概念。

（1）安全存量。安全存量是为了应对不确定性因素（如大量突发性订货、物料交期突然延期、临时用量增加、客户交期提前等特殊原因）而预计的保险存量（缓冲库存）。其计算公式为如下。

安全存量 = 紧急订购天数 × 每天使用量

（2）最高存量。最高存量是指生产高峰固定时期内，某项物料（如通用标准物料）允许储备的最高界限。其计算公式如下。

最高存量 = 一个生产周期的天数 × 每天使用量 + 安全存量

（3）最低存量。最低存量是指生产淡季固定时期内，能确保满足生产需求的物料库存数量的最低界限。其计算公式如下。

最低存量 = 订购时间 × 每天使用量 + 安全存量

2. 实施方法

通过了解上述 3 个概念，企业应当认识到，安全存量的设置并非是一成不变的，生产变化会直接影响安全存量的设置。

因此，企业想要精准控制库存，就要明确 3 个问题：维持多少存量（库存水平）？何时补充存量（订购点）？补充多少存量（订购量）？否则，企业就可能面临库存控制不当导致的风险，如表 4.3-2 所示。

表 4.3-2　库存控制不当的后果

类别	订购时间	订购量	后果
1	过早	过多	库存过剩，浪费库存保管成本并积压资金
2	过早	过少	前期库存过剩，浪费库存保管成本并积压资金；后期库存不足，造成停产及延期交货
3	过迟	过多	前期库存不足，造成停产及延期交货；后期库存过剩，浪费库存保管成本并积压资金
4	过迟	过少	库存不足，多次造成停产及延期交货

实施订购点法的关键是确定各种物料的订购点和订购量。订购点法如图 4.3-3 所示，通过账务管理，如发现库存量已经低于订购点了，就迅速制订采购计划，使库存量回到订购点之上。

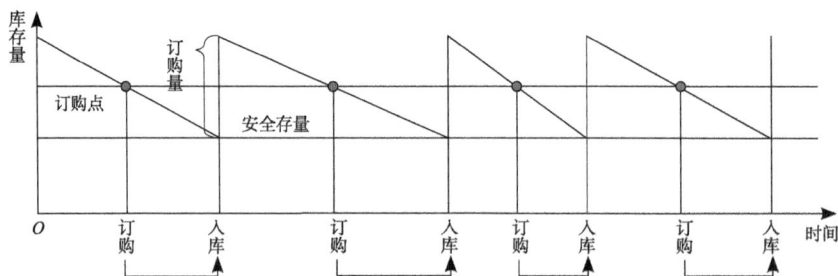

图 4.3-3　订购点法

由此可见，订购点法的实施具有两大要点。

（1）确定物料订购点。

其计算公式如下。

订购点 = 平均日需求量 × 平均订购提前期 + 安全存量

（2）确定经济订购量（EOQ）。

具体而言，经济订购量公式的推导包含 4 个步骤。

① 订购成本 = 储存成本

② 订购成本 = $\dfrac{年订购量 × 平均每次订购成本}{经济订购量}$

③ 储存成本 = $\dfrac{经济订购量 × 物料单价 × 库存维持率}{2}$

④

$$经济订购量 = \sqrt{\dfrac{2× 年订购量 × 平均每次订购成本}{物料单价 × 库存维持率}}$$

借助订购点法，企业能够确保不断产、减少物料备购时间、简化运作、快速处理紧急订单。但要注意的是，订购点法并不适用于所有企业或所有物料，企业应当根据自身实际情况，选择合适的方法控制库存。

库存被看作"万恶之源"，但在实践当中，企业很难真正实现零库存。因此，企业应当精准控制库存，切忌随意设定安全存量。

一般而言，只有当客户的订货处理期小于订单处理期、供应商的订购提前期和厂内的生产周期三者之和时，安全库存才能充分发挥精准控制库存的效用。虽然目前大部分企业都处于这一状态，但企业仍应尽量压缩订单处理期、供应商的订购提前期、厂内的生产周期，从而做到无须安全库存或适当安全库存。

而在设定安全存量时，企业也要充分考虑生产变化、库存标准、订购点、订购量 4 个因素，并通过严谨的计算确定最终的安全存量。

与此同时，由于现在市场需求瞬息万变，安全存量绝不能一成不变，必须制定机制定期评估已设定的安全存量是否需要修正。

4.3.4 其他订货法

企业对库存的精准控制，离不开对物料需求的精准预测，因此，精益供应链管理的一项重要工作就是制订物料需求计划（MRP）。

早在1965年，IBM公司提出"独立需求"和"相关需求"的概念后，制造业的库存控制方法就发生了改变，从简单的订购点法，改为用MRP来控制。其原理是，以"预测法"来控制独立需求，用"正确计算法"来控制相关的物料需求，即通过MRP计算物料需求。

MRP依据主生产计划（MPS）、物料清单（BOM）、物料状况（INV）等信息计算物料在各个时间点的需求量。其运算逻辑如图4.3-4所示。

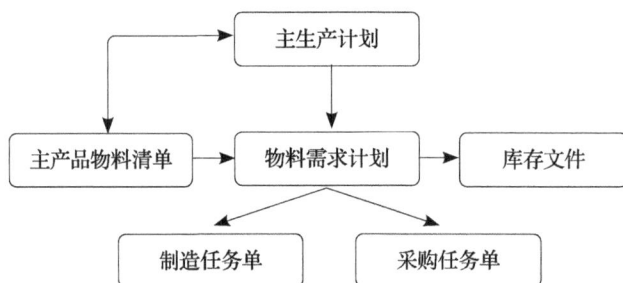

图 4.3-4　MRP 运算逻辑

在不断的发展与完善过程中，MRP也经历了3个发展阶段，如图4.3-5所示。

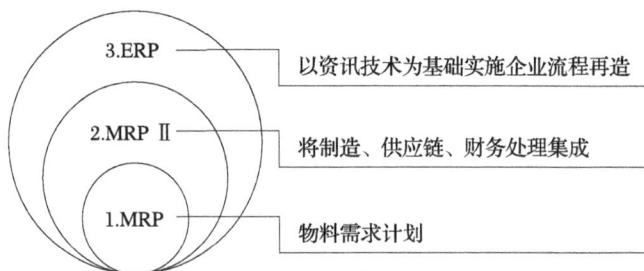

图 4.3-5　MRP 发展阶段

1. 找到库存的 MAD 值

MRP 是订购点法的进阶方法，而在企业从 MRP 走向 ERP 的过程中，关键在于以资讯技术为基础的企业流程再造，借助更加科学的方法计算安全存量等必要数据。

在企业精准控制库存所需的各项数据当中，最重要的就是找到库存的 MAD 值。

MAD 是 Mean Absolute Deviation 的简称，即平均绝对偏差，其是实际值和其平均值差的绝对值的平均数，用于计算需求的差异。

2. 物料需求计划

在找到库存的 MAD 值之后，企业可以更加简便地计算安全存量，进而完成物料需求预测，制订更加科学的物料需求计划。

在这个过程中，企业必须遵循 4 个基本原则。

（1）客户需求是源头，应尽量准确及明确。

（2）主生产计划是关键，一定时间内不能变动，较长时间内动态变动，满足需求。

（3）MRP 运算是过程，基础数据及算法正确最重要。

（4）采购任务单、制造任务单是结果，结果好坏和前端运算和后续控制有关。

只有如此，企业才能在及时取得生产所需物料、确保产品及时供应的同时，尽可能降低库存水平。

4.4 物品出库管理

物品出库是仓储管理的终点，涉及订单处理、分拣、发放等多个环节。如发生多发、错发、漏发事件，就会影响企业利益。在物品出库环节，企业要制定物品发放、退还、调拨等作业流程，确保物品快速、准确地出库。这里我们重点说说物料出库的相关内容，成品出库与物料出库大致相同。

4.4.1 物料发放知识

物料发放是指仓库中的库存，如原材料、半成品的发放工作，其作业流程一般如图 4.4-1 所示。

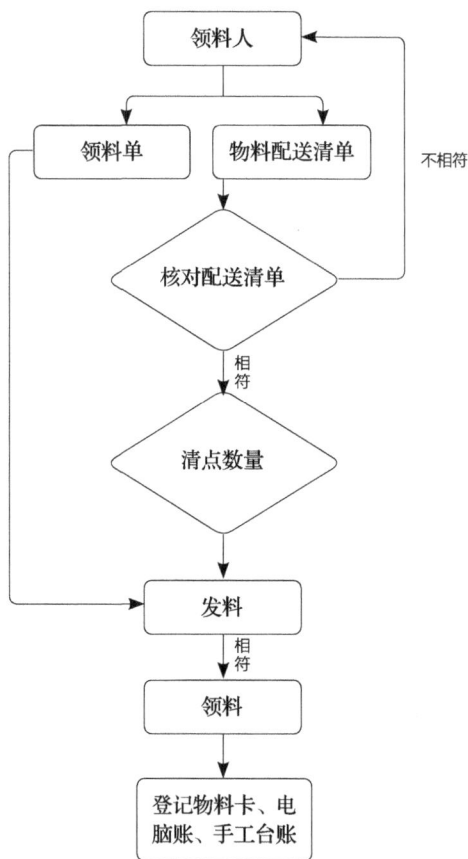

图 4.4-1 物料发放作业流程

1. 明确岗位职责

根据物料发放流程，每个岗位在不同环节的责任有所区别，企业应当明确不同岗位的岗位职责。

具体而言，物料发放岗位职责如表 4.4-1 所示。

表 4.4-1　物料发放岗位职责

序号	作业流程	责任岗位	备注	相关单据
1	领料	领料人	根据领料单领取物料	领料单
2		领料人	根据物料配送清单领取物料	物料配送清单
3	核对配送清单	仓库保管员	与物料清单是否一致	物料清单（BOM清单）
4	清点数量	仓库保管员	实际发货数量与需求数量是否一致	物料配送清单
5	发料	仓管保管员	按物料配送清单发料	物料配送清单
6	领料	领料人	在核对正确的领料单、物料配送清单上签字	领料单、物料配送清单
7	登记物料卡、电脑账、手工台账	仓库保管员	按照发料明细登记账、卡	物料卡、手工台账

2. 物料发放过程重点

针对物料发放过程中的重点环节，企业应当进一步明确相关制度。

（1）核对出库凭证。

任何物料的出库，都必须有正式的出库凭证，且应由使用部门主管和仓储经理签章。

出库凭证一般包括 3 项内容，如表 4.4-2 所示。

表 4.4-2　出库凭证的内容

序号	凭证	核对要求
1	物料领用部门主管签章的领料单	核对物料编号、规格、品名、数量等信息，确保无差错且无涂改
2	仓储经理签章的出库单	核对物料品名、数量，并与仓库账目做全面核对
3	物料检验合格报告书、合格证等	与物料核对，确保一致

（2）备货。

在确保出库凭证的核对无误后，仓库保管员即可按凭证进行备货。经过取货、分拣、包装等作业，在核实一致后进行核销处理。

备货环节的主要内容如表4.4-3所示。

表4.4-3　备货内容

序号	环节	说明
1	销卡	发放物料时，应先销卡、后付货
2	理单	根据物料的货位，按领料单的编号顺序排列，以便迅速找对货位，及时出库
3	核对	按照货位找到相应的物料后，出库工作人员要"以表对卡，以卡对货"，进行单、卡、货核对
4	点数	仔细清点物资出库的数量
5	签单	应付物资付讫后，出库工作人员在出库凭证上签名

（3）复核查对。

出库复核人员需按照出库凭证，再次对出库物料进行核对，确保物料发放的准确性。复核查对的主要内容如表4.4-4所示。

表4.4-4　复核查对的主要内容

序号	复核内容
1	怕震怕潮的物资，衬垫是否稳妥，密封是否严密
2	包装是否有装箱单，装箱单上所列各项目是否和实物、凭证等相符
3	领料部门、箱号、危险品或防震防潮等标志是否正确、明显
4	是否便于装卸、搬运作业，能否保证物资在运输、装卸中不破损

如经反复核对确实存在不符的情况，则应立即要求调换，并将错备物料退回；退回后需再次复核结余物料数量，并与卡、账比对，如发现不符，则需及时查明原因、进行更正。

3. 物料发放原则

在物料发放的过程中，企业应当遵循8个原则，如表4.4-5所示。

表 4.4-5　物料发放原则

序号	物料发放原则
1	未经检验合格的物料不得发放
2	已到有效期的物料不得发放
3	物料发放按"先进先出"的原则进行
4	同批物料中贴有"取样验证"的最后发放
5	上批退料先发（优先于复验合格的物料）
6	复验合格的物料先发放
7	接近有效期限的物料先发放
8	领料手续不全的物料不得发放

4.4.2　物料发放管理

物料发放是仓储管理的重要组成部分，涉及大量的备货、核查工作，且可能涉及各种领料情况。在此过程中，企业可引入出库管理信息系统，以提高物料发放效率，避免物料发放复杂的单据、备货管理出现疏漏。

1. 仓储管理信息系统

仓储管理信息系统适用于仓储的全局化管理，该系统主要包含月台使用信息系统、仓储区管理信息系统、包装物管理信息系统。仓储管理信息系统如表 4.4-6 所示。

表 4.4-6　仓储管理信息系统

序号	系统	用途	说明
1	月台使用信息系统	用于月台使用的信息系统	帮助装卸人员合理使用月台，提高月台使用效率
2	仓储区管理信息系统	用于仓库区规划、使用和管理的信息系统	帮助仓储人员进行货物分类、货位调用和作业，并可自动指挥自动化设备作业

序号	系统	用途	说明
3	包装物管理信息系统	用于仓储包装物使用的信息系统	帮助仓储人员做出包装物决策，如哪些货物需要包装、用什么包装、包装物是否需要回收等

2. 出库分析与预测信息系统

出库分析与预测信息系统主要帮助仓储主管全面了解出库信息，具有分析、比较和判断、预测的功能，该系统主要包括出库分析信息系统、出库预测信息系统和货物管理信息系统，如表 4.4-7 所示。

表 4.4-7　出库分析与预测信息系统

序号	系统	用途	说明
1	出库分析信息系统	用于出库货物分析	帮助仓库主管对出库信息有全面了解，如订单数据、出库配送控制数据、出库统计比较分析等
2	出库预测信息系统	用于出库预测	帮助仓库主管预测未来库存需求量，一般需要采用预测模型和统计方法，如最小平方法、多元回归分析等
3	货物管理信息系统	用于出库货物管理	帮助仓库主管了解常用的出库货物信息，包括畅销品、呆滞品信息，及货物周转率等

3. 拣货和包装加工信息系统

物料发放涉及复杂的拣货和包装作业，一旦这两个环节出现问题，则可能导致备货出错，需要重新拣货和包装。因此，一个完善的拣货和包装加工信息系统必不可少。其主要功能如表 4.4-8 所示。

表 4.4-8　拣货和包装加工信息系统

序号	系统	用途	说明
1	拣货信息系统	用于出库拣货作业	帮助拣货人员分拣出库物料，并实现自动分拣
2	包装加工信息系统	用于物料包装盒加工作业	帮助包装和加工人员做出包装决策，并实现自动包装和自动加工

4.4.3 物料的超领、退还

在物料发放管理的过程中，基于对物料良品率的考量，为避免次品或物料损耗影响物料正常使用，物料的超领也成为一种常态。

允许正常的物料超领，并不代表任意超领，否则就可能造成物料的浪费，或增加物料的退还，甚至出现重新采购物料后大量退还导致的库存积压。

因此，企业要对物料的超领与退还制定严格的管理办法。

1. 物料的超领

一般而言，物料的超领只允许发生在 4 种情况下，如表 4.4-9 所示。

表 4.4-9　物料的超领

序号	超领原因	说明
1	因原料不良而补料	上线生产时发现物料不良，而因此缺料，此种可追补物料
2	因作业不良超领	生产作业过程中，因作业原因造成物料损失需要超领的
3	因后续工作问题超领	原生产线没有出现问题，但是后续工作中出现各种问题而导致成品量不足需要超领物料的
4	其他原因	需物料超领部门主管、仓储经理签字

2. 物料的退还

不仅物料的超领会导致物料的退还，在实际管理过程中，其他原因也可造成物料的退还，企业需要针对此类情况制定相应的管理办法。

一般而言，物料退还的作业流程如图 4.4-2 所示。

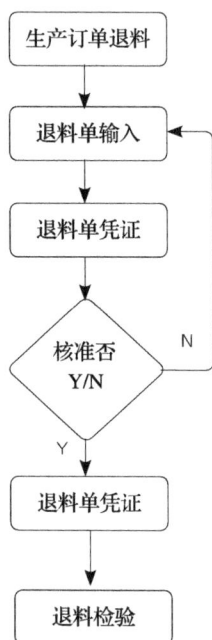

图 4.4-2　物料退还作业流程

　　需要注意的是，无论因何种原因发生的物料退还，企业都应当对退料进行重新检验，并根据物料情况进行处理。退料的不同类型如表 4.4-10 所示。

表 4.4-10　退料的不同类型

序号	退料类别	说明
1	质量异常	生产部门发现物料存在质量问题，需重新领取物料
2	规格不符	生产部门领取的物料规格与需求不符，需要重新调换
3	超领	生产部门制订的物料需求计划不完善，要求的物料多于真实需求
4	可二次加工的半成品	经过一定生产过程，但尚未完工的半成品
5	呆料	存量过多、耗用量极少、周转率极低的物料
6	报废物料	不可继续使用的物料

4.4.4 物料的调拨

物料的调拨是指物料的实际存放地点已发生变化，但账目不做变动的一种物料转移。仓库与仓库间的物料转移，也可看作物料的调拨。

物料的调拨一般分为借入、借出、特殊物料的调拨和仓库间的转移等 4种情况。

1. 物料的借入与归还

针对仓库需要向友厂借入物料，并在后续归还的情况，其管理办法如表4.4-11 所示。

表 4.4-11　物料的借入与归还的管理办法

序号	流程	说明
1	提出借用申请	由采购人员提出借用申请，说明借用理由、归还日期等信息，由总经理核准
2	借据拟定	经核准后拟借据一份，交由权责人审核，并加盖公司业务章，交给友厂
3	借据保存	借据签订后复印 4 份，分别交给采购人员、仓库、物料控制人员、财务使用和保管
4	物料入库	借用物料入库时按借据进行验收，并备注"借入物料"，不计入账册
5	物料归还	由采购人员提出归还申请，附上借据副本，经总经理核准后，送仓库进行物料核对并归还

2. 物料的借出与收回

针对仓库需要向友厂借出物料，并在后续收回的情况，其管理办法如表4.4-12 所示。

表 4.4-12　物料的借出与收回的管理办法

序号	流程	说明
1	核签借据	友厂出具加盖其公司印章的借据，由本公司总经理核签
2	借据保存	仓库保存借据原件，并复印 3 份，分别交给采购、物料控制人员、财务使用和保管

序号	流程	说明
3	物料出库	物料借出，并在物料管制卡上备注"借出"
4	物料验收	友厂归还物料时，仓库应进行核验并填写"验收单"，如物料不合格，应立即与友厂洽商
5	物料收回	确保物料数量、质量无误后，可将物料入库，并备注"借出料收回"

3. 特殊物料的调拨

如生产部门领用的物料具有不易切割性，如整捆的内配线、整包的塑料颗粒等，生产部门只得超领后退回，则适用于特殊物料的调拨。

特殊物料的调拨与物料的超领看似相同，但在账目管理上，多发的特殊物料仍然属于仓库物料，仅在物料管制卡上备注"调拨"，待生产部门用料完成后，需将多发的特殊物料退回。

如在实际使用过程中，出现物料超用，无法全部或部分退回物料时，则需按照物料超领的流程，补开"超领单"。

4. 仓库间的转移

实践过程中，由于仓库借用或统一储存等原因，物料经常会在仓库间转移。物料实际从一个仓库转移至另一个仓库，但在账目上仍然归属于原仓库。

此时，只需由收料仓库出具物料调拨单，注明调拨物料编号、名称、规格、数量等信息，经权责人核准后即可进行调拨。

第 5 章
智能时代的智能配送与供应链管理

　　面对灵活多变的客户需求，尤其是在电商发展成熟的当下，货物配送呈现多品种、小批量、多批次的特征，传统的单一送货已难以满足广大客户的需求，被称为"小物流"的配送环节也必然需要走上智能化发展的道路。与此同时，从库存到配送、从仓储到物流的全流程智能化，也最终催生了智慧供应链，引发了供应链协调与管理的变革。

5.1 智能配送的内容

从经济学资源配置的角度来讲，配送是以现代送货形式实现资源最终配置的经济活动；从配送的实施形态来讲，配送是按客户订货需求进行货物配备，并以最合理的方式将货物送交客户。

由此可见，配送不仅是送货，更是送货、分货、配货等活动的有机结合体。配送的工作难度极大，只有依靠发达的商品经济和现代经营理念才能提升效率。

智能时代信息技术的发展，以及设备的革新，为配送效率的提升提供了可能。智能配送，实际就是依赖智能化技术和设备，建立的现代化的作业系统。

5.1.1 配送的分类

配送提供的是一种物流服务，虽然服务范围较为局限，但其包含的要素却十分齐全。因此，智能时代的高效配送管理，既需要有组织、有计划地"配"，也需要低成本、快速地"送"。

1. 配送的管理要素

配送是送货、分货、配货等活动的有机结合体，按照配送作业流程，配送主要包含 7 个管理要素，如图 5.1-1 所示。

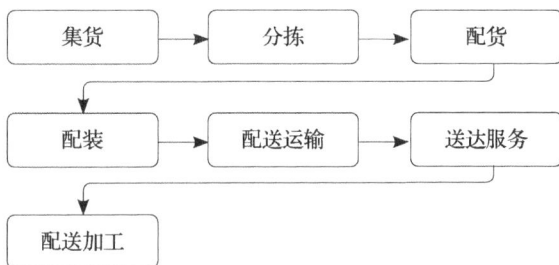

图 5.1-1　配送的管理要素

（1）集货。

集货，就是将分散的或小批量的物品集中起来，以便于统一运输和配送。

当今，为了满足小部分客户的特定配送需求，有时可能需要将几家甚至数十家供应商的货物集中起来，并将其配送至指定地点。

因此，集货是配送的重要环节，也是配送的准备工作。尽可能地集中客户的需求，是配送管理竞争力的核心构成。

（2）分拣。

分拣，就是将货物按品种及出入库顺序等要素分别堆放。

分拣是配送环节的特殊环节，也是决定配送成败的重要支持性工作，配送效率的提升，首先就在于分拣效率的提升。只有做好分拣工作，后续配货、送货才能高效进行。

（3）配货。

配货，就是使用各种拣选和传输设备，将存放的货物按需求分拣出来，并进行打包。

（4）配装。

配装，就是对不同客户的配货进行合理搭配装载，使车辆负载能力得到充分利用。

配装能够极大地提升配送水平、降低配送成本，但配装时也需要足够的配装技巧，以免弄巧成拙。

（5）配送运输。

配送运输，就是将配装后的货物运送至客户指定地点。

与一般运输不同的是，配送运输的路线一般都在城市内。面对较为复杂的城市交通路线，如何将配装和路线有效搭配，以设计出最佳配送路线，是配送管理的重要课题。

（6）送达服务。

送达服务，就是将货物送到客户手中。

在实际配送过程中，由于配送时间与客户时间难以有效协调，当货物到达客户指定地点时，客户可能无法接收。因此，送达服务也需讲究卸货地点、卸货方式，确保货物能够一次送达，避免二次配送。

（7）配送加工。

配送加工，就是按照客户的要求进行流通加工，如大包装货物的小包装分装加工等。

配送加工在配送管理要素中并不具有普遍性，但作为一项重要的附加功能，有效的配送加工服务，能够极大地提高客户满意度。

2. 配送的分类

基于配送的 7 个管理要素，在配送管理中，企业可按照不同标准对配送进行分类，从而提高管理效率。

一般而言，配送的分类如表 5.1-1 所示。

表 5.1-1　配送的分类

序号	分类标准	分类方法
1		配送中心配送
2	实施配送的节点	仓库配送
3		商店配送

续表

序号	分类标准	分类方法
4	配送商品的种类和数量	少品种、大批量配送
5		多品种、小批量配送
6		配套、成套配送
7	配送时间和数量	定时配送
8		定量配送
9		定时定量配送
10		定时定路线配送
11		即时配送
12	经营形式	销售配送
13		供应配送
14		销售、供应一体化配送
15		代存代供配送

5.1.2 机器人配送

配送环节包含大量的管理要素，也涉及复杂的运筹和决策，如货物的配装和路线的选择，乃至整个配送中心的管理。在要求配送管理降本增效的当下，智能化是不可回避的。

1. 机器人配送的实践

目前，智能配送方面已经有较为成熟的研究结果，以机器人配送为例的各类"黑科技"也层出不穷。

例如，2018 年 7 月，京东公司无人配送站在西安落成并投入使用。该无人配送站面积为 14.4 平方米，能存储至少 28 个货箱及 1 台终端无人车。配送站运行时，货物由无人机送至配送站顶部并自动卸货，配送站内部将自动对货物进行中转、分发，全程由机器人操作，最后由终端无人车完成配送。

2019年3月，由菜鸟网络公司自主研发的新能源快递无人车，在雄安市民服务中心投入使用。据介绍，该无人车一次可装载200多个小型包裹。

当然，机器人配送仍然处于试点阶段。但在分拣和配货环节，机器人的应用却早已有之。

例如，德马泰克公司在仓库内有全系列的解决方案，包括自动化立体仓库（AS/RS）、自动存储、穿梭车等多种智能设备。

京东公司则将无人分拣中心划分为不同区域，再通过智慧系统连接在一起，形成一个全自动化的解决方案。

快仓公司在仓库全流程上，从收货的无人叉车到搬运机器人、辊筒机器人，有一整套智能解决方案。

2. 智能配送系统的设计

机器人配送只是智能配送的一个表现形式，在智能配送升级过程中，企业更应注重全流程、系统化的智能配送设计。

具体而言，智能配送系统的设计应当分为10个步骤。

（1）了解需求。企业要深入调查产品品质要求、设备效率要求、设备工作环境等要素。

（2）分析产品。企业需要充分考虑产品的生产工艺、全方位尺寸、来料情况、注意事项以及设备使用地点的技术参数等。

（3）制定方案。包括讨论确定方案、实现功能模块、设备整体示意图、设备局部示意图、设备各机构简介、设备各部分动作说明、设备技术参数说明等内容。

（4）方案评审。包括设备可行性评估、设备成本评估、设备生产效率评估、设备各部分结构可行性评估等。

（5）客户确认。包括方案报告制作、方案报告讲解、方案报告评审、设备方案确定。

（6）图纸设计。包括机构设计、机器装配图制作、确定执行部件、确定电控配件、设备 BOM 输出、说明书制作。

（7）图纸评审。包括机器结构是否合理、机器效率是否满足要求、机器造价成本是否合理、各机构操作及维护是否方便、各部件选用是否合理。

（8）加工管理。包括零件图纸吻合性、零件加工精度、零件加工工艺、零件参数检验确认、制作进度管理。

（9）组装调试。包括按图装配、考虑走线、组装验收点检、按产品工程调试、生产打样安排、试运营验收安排。

（10）正式运营。包括安装成品验收、设备外表整理、设备特殊标识、必要的防护措施、设备备件点检、操作说明等资料、人员培训。

只有通过上述 10 个步骤的层层分析和推进，企业才能真正打造出适合自己的智能配送系统，进而实现建造智能工厂的目标。

5.1.3 "最后一公里"配送

根据相关数据显示，从山东寿光运输到北京的蔬菜，其物流成本中，干线运输费用平均为 0.12 元 / 千克；而在北京市内"最后一公里"，其运输费用却高达 0.2 元 / 千克，约是干线运输费用的 1.7 倍！

长期以来，"最后一公里"都是物流行业的一大痛点。事实上，近年来从业者对"最后一公里"的布局也越来越频繁，无论是快递企业，还是便利店、快递柜，或是提供"跑腿"服务的城市配送，以及众包物流、外卖配送等，虽然各自的发展特点、发展模式不同，但其最终目的都是解决"最后一公里"的难题。

"最后一公里"之所以如此重要，是因为其配送的货物主要以消费者日常生活必需品为主，如生鲜、药品等。与此同时，"最后一公里"也是直面消费者的关键环节，其效率高低、服务好坏，直接影响企业品牌形象。

在多态共生的当下，为了更好地解决"最后一公里"问题，各类配送业务模式也在进行不同程度的融合，主要融合点就是"最后一公里"环节。

1. "最后一公里"配送融合

在"最后一公里"的配送融合中，配送中心纷纷开始与社区店开展合作。如天猫与全家便利店、社区服务站合作，亚马逊与全家便利店合作等。这种模式下，商品被配送到各类社区店，再由店员送货上门或客户到店自提。

图 5.1-2 展示了"最后一公里"配送融合的初级模式。该模式能够实现客户、实体店、服务站和配送中心的多方共赢。

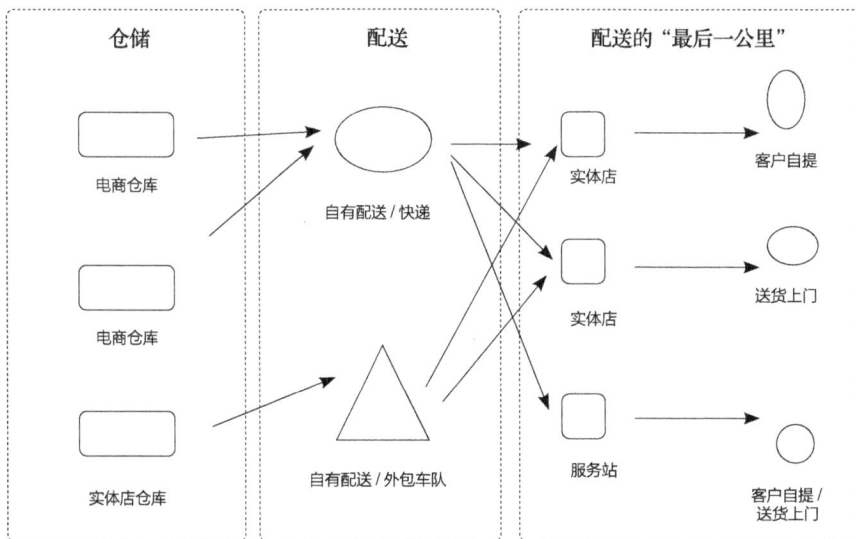

图 5.1-2　"最后一公里"配送融合

（1）客户便利与信息安全。

大多数客户工作日的白天都在工作，休息日也有可能外出游玩，这就导致其接收快递的时间十分有限，形成代收需求。

《快递最后 100 米服务趋势报告》中的数据显示，约有 64% 的消费者在特定场景下愿意接受代收，44% 的客户担心信息安全，代收渗透率已经超过 7%。

代收模式已经被大部分客户认可，而该模式最大的痛点是传统的代收点很少与配送中心正式合作，这又造成客户信息泄露的风险。

因此，配送中心与社区店建立合作的模式，能够让客户收件更便利，并以正式合作的方式，降低信息泄露的风险。

（2）店面盈利与客户引流。

对便利店或社区服务站而言，客户的工作时间是店面的空闲时间。增加代收服务，一方面可以充分利用店员的空闲时间，进行代收、整理或配送，为店面增加新的盈利手段。

另一方面，如果客户到店自提包裹，也是一种引流手段，将客户带到店面，能够推动店面的销售额增加。

（3）配送路线及成本优化。

对配送中心而言，将包裹直接送至社区店，配送人员则无须将每一单配送到户，也不用等到发现客户不在家时，又回收包裹重新配送。

基于这种融合模式，配送人员可以直接将包裹送至社区店，再由社区店配送人员电话询问客户是选择送货上门还是到店自提，从而优化配送路线及成本。

2. "最后一公里"配送场景

为了更好地解决"最后一公里"问题，也为了从全流程提升物流效率、降低物流成本，物流配送产业的融合程度也逐渐加深，出现配送、仓储等环节的融合，乃至全渠道融合。

对"最后一公里"的解决方案而言，其内容主要包括出货方、配送方式、门店 3 个环节。

聚焦这 3 个环节的效率提升，企业可以根据出货节点，对"最后一公里"

的配送场景进行细分。

（1）仓库出货。

在仓库出货的配送场景下，商品的配送方可能是快递或车队，门店也可能分为社区门店或一级门店。因此，仓库出货的配送路线主要分为7类。

① 由快递直接送货上门。

② 由快递送至社区门店，再由社区门店送货上门。

③ 由快递送至社区门店，再由客户到店自提。

④ 由车队送至一级门店，再由一级门店送货上门。

⑤ 由车队送至一级门店，再由客户到店自提。

⑥ 由车队送至一级门店，一级门店再将订单分拨至社区门店，由社区门店送货上门。

⑦ 由车队送至一级门店，一级门店再将订单分拨至社区门店，由客户到店自提。

（2）门店出货。

门店出货的配送路线更加简单。当企业收到客户订单时，企业直接将订单需求发往距离客户最近的门店，核对门店库存情况后，即可进行配送。

门店出货的配送路线只有两类。

①门店出货，直接送货上门。

②门店出货，客户到店自提。

仓储、物流配送行业的不断融合，为"最后一公里"配送提供了新的解决方案。在这一过程中，随着参与者的增多，谁能找到最优的配送路线、建立最强的合作关系，谁就能真正成为末端竞争的赢家。

5.2 配送运输方式选择

配送的核心在于运输。不同的货物，需要选择不同的运输方式；而不同的运输方式，又对应着不同的运输成本。只有将各类运输方式的特点和费用了然于心，企业才能做出最佳的选择。

5.2.1 多式联运及汽车运输价格

多式联运是指通过多种运输方式的联合，在成本最低的条件下提供综合性运输服务。

1. 多式联运

常见的多式联运有铁路与公路相结合的驮背式运输，公路与水路相结合的卡车渡运等。多式联运多是为了发挥汽车运输在短途运输中的灵活性，并利用火车、轮船运输等在长距离运输中的低成本特点。

一般而言，多式联运成立的必要条件包含 4 点。

（1）多式联运经营人（Multimodal Transport Operator，MTO）对全程运输进行组织。

（2）覆盖运输全程的多式联运合同，发货人（托运人）只需向多式联运经营人按一种费率结算运费。

（3）多式联运单据，即多式联运提单。

（4）使用两种或两种以上的运输方式完成全程运输，如海运、空运、陆运等。

2. 汽车运输计费方式

汽车运输是配送运输的主要选择，也是多式联运的重要组成部分。因此，企业必须对汽车运输价格的计算有所了解。

汽车运输价格的计算主要包含计费质量、计费里程等要素，此外，如果采用包车运输的方式，则需要考虑包车计费时间。

需要注意的是，在计算汽车运输费用时，企业不仅需要支付运输本身的费用，还需要根据实际和协议支付其他相关费用。

一般而言，汽车运输主要分为整批、零担、包车 3 种模式，其费用计算公式分别如下。

（1）整批货物运费的计算。

整批货物运输的计费公式如下。

整批货物运费 ＝ 吨次费 × 计费质量 ＋ 整批货物运价 × 计费质量 × 计费里程 ＋ 其他费用

（2）零担货物运费的计算。

零担货物运输的计费公式如下。

零担货物运费 ＝ 计费质量 × 计费里程 × 零担货物运价 ＋ 其他费用

（3）计时包车运费的计算。

计时包车运输的计费公式如下。

计时包车运输 ＝ 包车运价 × 包用吨位 × 计费时间 ＋ 其他费用

5.2.2　危险品运输应具备的条件

危险品的运输是配送运输中的特别情况，不同于一般货物，危险品运输是一项技术性和专业性很强的工作。只有具备运输危险品的基本条件，企业才能进行危险品运输。

1. 危险品的定义及其特点

根据国家标准 GB 6944—2012《危险货物分类和品名编号》的规定，危险品为"具有爆炸、易燃、毒害、感染、腐蚀、放射性等危险特性，在运输、存储、生产、经营、使用和处置中，容易造成人身伤亡、财产损毁或环境污染而需要特别防护的物质和物品"。其中爆炸品和易燃品占相当大的比例。

危险品的特点一般如表 5.2-1 所示。

表 5.2-1　危险品的特点

序号	特点	说明
1	品类繁多、性质各异	《危险货物品名表》（GB 12268—2012）中在册的已有 2763 个品名。近三千种危险品和每年不断新增加的危险品，其物理和化学性质差异很大
2	危险性大	运输中具有很大的危险性，容易造成人员伤亡和财产损失
3	相关规章、规定多	不仅要遵守道路货物运输共同的规则，还要遵守《汽车危险货物运输规则》等特殊规定
4	仓储场地专储	仓库和场地必须符合所储存货物的要求，如干燥通风、防火
5	专业性强	不仅要满足一般货物的运输条件，还要根据货物的物理和化学性质，满足特殊的运输条件

2. 危险品运输的基本条件

危险品运输必须遵守相关法规，并具备相关运输条件。一般而言，危险品运输应具备的基本条件有 6 点。

（1）运输危险品的车辆、容器、装卸机械及工具，应符合相关法律规定，且经道路运输管理机构审验合格。

（2）配送设施、设备应能保证危险品的安全运输。

（3）停车场库应能保证车辆出入顺畅，且经有关部门批准允许停放危险品运输车辆。如有危险品专用车辆，应设置足够的封闭型车库。

（4）直接从事道路危险货物运输的操作人员，如驾驶员、押运员、装卸员，必须掌握危险品相关知识，并经道路运输管理机构或危险货物运输管理机构考核，持有其颁发的《道路危险货物运输操作证》。

此外，危险品运输驾驶员须有 2 年以上安全驾驶经历，或安全行车历程达到 5 万公里以上。

（5）从事营业性道路危险货物运输的机构，须具有 5 辆以上装运危险货物的车辆，且有 3 年以上经营管理经验，并配有相应的专业技术管理人员，其中至少有 1 名具有初级技术职称的化工专业人员。

（6）从事营业性道路危险货物运输的机构，须建立健全操作规程、岗位责任制、车辆设备保养维修和安全质量教育等规章制度。

5.3 配送管理常用文件及表单

在配送管理环节，同样需要设计各类常用文件及表单，以便于日常管理与核对。

按照一般配送流程，配送管理的常用文件及表单，主要包括运输通知单、运输记录表、配送订货单、拣货记录表、仓库配货单、退货单、退货清单、退货缴库单、运输车辆管理表。

5.3.1 运输通知单

运输通知单，用于通知配送中心进行配送，主要包含客户信息、货物明细、运输要求等内容，如表 5.3-1 所示。

表 5.3-1　运输通知单

编号：　　　　　　　　通知日期：　　年　　月　　日

客户名称			联系电话				
地址							
运输货物明细		货品名称	规格	数量	单价	金额	备注
金额总计			人民币（大写）　　万　仟　佰　拾　元整				
运输要求	交货日期		自签订本单后　　天内或　　年　　月　　日以前				
	交货地点						
	交货单号码						
	发票号码						

续表

通知人员签字	运输主管签字	运输人员签字

5.3.2 运输记录表

运输记录表，用于记录具体运输情况，包括运输路线、运输时间、运输费用等内容，如表 5.3-2 所示。

表 5.3-2 运输记录表

运输起点		运输终点	
运输起止时间	年 月 日 时 至 年 月 日 时		
预定到达时间	年 月 日 时	实到时间	年 月 日 时
逾期时长（天）		逾期罚款	
运输里程	运输重量		吨公里数
短损情况说明			
运输费用		装卸费用	
报损金额		获赔金额	
承运人签字			
备注			

5.3.3 配送订货单

配送订货单，用于记录配送订货的人、物及日期、地点信息，如表 5.3-3 所示。

表 5.3-3　配送订货单

订单编号			订货日期		
供货人名称		接货人名称		交货日期	
供货人地址		接货人地址		交货地点	
供货人联系方式		接货人联系方式		付款条件	

配送货物信息

货物名称	货物规格	货物单位	货物数量	备注
填写人员			审核人员	

5.3.4　拣货记录表

拣货记录表，用于记录拣货的各项信息，包括拣货时间、出货货位及货物信息等内容，如表 5.3-4 所示。

表 5.3-4　拣货记录表

拣货单编号			客户订单号	
客户名称				
出货日期			出货货位号	
拣货时间	年　月　日　时　分至　时　分		拣货人	
核查时间	年　月　日　时　分至　时　分		核查人	

续表

序号	储位编码	商品名称	规格型号	商品编码	数量（包装单位）			备注
					托盘	箱	单件	

5.3.5　仓库配货单

仓库配货单，用于记录仓库配货的各项信息，主要包括收货人、运输方式、货物信息等内容，如表 5.3-5 所示。

表 5.3-5　仓库配货单

城市、商场		制单员		制单日期	
联系电话		传真		邮编	
收货人		运输方式		保险金额	
收货地址					
品名	产品编码		单价	数量	金额

合计					
说明	1. 同类产品请放在一起，可提高仓库配货工作效率 2. "保险金额"是指要买保险的货品总价值，请注明 3. 请规范填写，笔迹清楚，以方便仓库配货				
审核员		配货员		配货日期	

5.3.6 退货单

退货单，用于记录客户退货的各项信息，如表 5.3-6 所示。

表 5.3-6 退货单

城市、商场		制单员		制单日期		
联系电话		手机		传真		
品名	产品编码	单价	数量	金额	备注（退换原因）	审核（公司填写）
合计						
说明	1. 同类产品请放在一起，以提高仓库收货工作效率 2. 如是维修品，请说明 3. 请规范填写，笔迹清楚，以方便仓库收货					
审核人员			收货人员		收货日期	

5.3.7 退货清单

退货清单，用于记录所有退货信息，如表 5.3-7 所示。

表 5.3-7 退货清单

物资编号	物资名称	规格	等级	供应商	采购时间	退货时间	采购人姓名	收货人	检验员	价值	退货原因

5.3.8 退货缴库单

退货缴库单，用于记录退货缴库的相关信息，如表 5.3-8 所示。

表 5.3-8 退货缴库单

退货单位： 缴库单编号： 退货日期： 年 月 日

货物名称	规格	单位	数量	退货详细原因

5.3.9 运输车辆管理表

运输车辆管理表，用于运输车辆的日常管理，除基本的运输车辆管理表外，一般还需设置车辆购置申请表、车辆使用申请表、车辆维修申请表、车辆事故报告表，分别如表 5.3-9、表 5.3-10、表 5.3-11、表 5.3-12、表 5.3-13 所示。

表 5.3-9 运输车辆管理表

编号： 日期： 年 月 日

下单时间	订单号	货主姓名联系方式	承运车辆牌号	报班时间	计划发货时间	实际发货时间	发货地点	发货量	意外记录	备注

续表

下单时间	订单号	货主姓名联系方式	承运车辆牌号	报班时间	计划发货时间	实际发货时间	发货地点	发货量	意外记录	备注

审批：　　　　　　　　　　　审核：　　　　　　　　　　　制单：

表 5.3-10　车辆购置申请表

车名及车型		拟购时间	
排量（L）		产地	
数量		颜色	
现有在用车辆情况		单价（万元）	
采购理由			
资金来源			
备注			
运输主管意见 （盖章） 签名：　年　月　日	运输部经理意见 （盖章） 签名：　年　月　日	物流总监意见 （盖章） 签名：　年　月　日	

表 5.3-11　车辆使用申请表

编号：　　　　　　　　日期：　　年　　月　　日

申请人		所在部门		计划用车时间	
目的地					
用车事由					

续表

货物明细	
备注	

运输主管签字		调度人员签字	

表 5.3-12　车辆维修申请表

编号：　　　　　　　　日期：　　年　　月　　日

车号		型号		购入时间	
里程数		申请人		责任人	

请修项目	
损坏原因	
预算明细	
修理厂意见	签名：　　年　　月　　日
运输主管意见	签名：　　年　　月　　日
运输部经理意见	签名：　　年　　月　　日

表 5.3-13　车辆事故报告表

编号：　　　　　　　　日期：　　年　　月　　日

事故发生时间	年　　月　　日　　时　　分	
事故发生地点		
事故车辆牌号		车型
事故类型	1. 人车相撞（□ 轻伤　　□ 住院　　□ 重伤　　□ 病危　　□ 死亡） 2. 车辆本身（□ 颠覆　　□ 冲撞　　□ 冲出路外　□ 零件损坏 □ 其他） 3. 车辆相撞（□ 擦撞　　□ 追撞　　□ 冲撞　　□ 其他）	

	事故详细情况				
我方情况	驾驶人员姓名			所属部门	
	证件号码			驾照号码	
	车种及年份				
	运载货物状况				
	损失金额明细				
	保险公司			保险单号	
	车辆随行人员				
对方情况	个人状况	姓名			
		证件号码			
		联系方式			
		住址			
		其他情况说明			
	车辆状况	车辆情况说明	车型		车牌号
		驾驶人员姓名			
		驾照号码		联系方式	
		公司名称			
		损失金额			

5.4 配送人员管理与绩效考核

配送是物流直面消费者的环节，配送服务水平直接影响客户满意度。而在当下，配送仍然以人工服务为主，这就使配送人员管理和绩效考核显的尤为重要。企业不仅要制定严格的配送人员管理制度与规范，而且要通过绩效考核激励员工提供更加优质的配送服务。

5.4.1 配送人员管理制度与规范

配送人员管理制度与规范，是针对配送中心各岗位制定的规范。通过明确各岗位职责，强化配送管理。

1. 调度专员

调度专员，主要负责配送规章制度的拟定，以及车辆调度、费用处理等工作，确保货物的及时运送和完好。其主要职责如表 5.4-1 所示。

表 5.4-1　调度专员的主要职责

序号	职责
1	协助运输主管制定运输规章制度和安全管理制度，执行并监督
2	制订月度运输计划，报运输主管审核后监督执行
3	合理进行车辆调度，确保运输效率
4	审核运输、保险费用，在相关单证上签字
5	审核发运要求，选择最佳发运路线和方式
6	组织实施专项运输方案，负责项目的组织协调、跟踪工作
7	处理运输事故，并负责善后事宜
8	完成领导临时交办的工作

2. 配送专员

配送专员，主要负责制订配送计划，协调供应商及客户的配送需求等。其主要职责如表 5.4-2 所示。

表 5.4-2　配送专员的主要职责

序号	职责
1	制订物品配送计划，并组织执行
2	监控物品的发送及运输，以保证物品配送及时、安全

序号	职责
3	负责与客户或供应商进行沟通，协调配送过程中发生的问题
4	优化物品配送作业流程，不断提高配送效率
5	完成领导临时交办的工作

3. 装卸专员

装卸专员，主要负责组织装卸人员进行货物的装卸工作。其主要职责如表 5.4-3 所示。

表 5.4-3　装卸专员的主要职责

序号	职责
1	制订装卸作业管理制度、流程
2	负责组织装卸人员进行货物装卸作业，保证按时按量装卸
3	负责组织货物装载后的固封防护工作
4	根据仓储作业 6S 管理要求，负责作业后的场地清扫和物资清理工作
5	负责装卸人员的业务、劳动纪律等日常检查、督导、考核工作
6	完成领导交付的其他工作

5.4.2　配送人员绩效考核内容

针对配送人员的岗位职责，企业需要制定针对性的绩效考核方案。

1. 绩效考核的主要内容

配送人员的绩效考核的主要内容应当体现在 3 个方面。

（1）工作量。

工作量是最基本的绩效考核内容，是指各岗位的工作数量，如验收工作量、拣货工作量、复核工作量、送货工作量等。

工作量的绩效考核应当遵循多劳多得的原则，但根据企业发展需要和行业平均水平，企业可以制定一个标准的工作量指标，每位员工都应当完成该工作量指标，如超出指标则进行奖励，如达不到指标则提出改善计划。

（2）准确性。

准确性是对配送人员工作质量的检验，一般以差错率作为主要考核依据，如验收差错率、拣货差错率等。

准确性的考核体现了配送中心对优质服务的要求，因此，必须设定一个严格的考核标准，如验收差错率控制在万分之一以内，拣货差错率控制在万分之五以内。

（3）时效性。

时效性是对配送人员服务意识的考核，涉及从收货到配送至客户签收的全流程的时效管理。时效性的考核一般包含验收及时性、配货及时性、送货及时性和退货及时性等。

对此，企业可以设置一个标准的工作时间，即货物在每个环节最多停留多长时间，以免导致时效管理失效。

2. 绩效考核的指标设计

配送人员的绩效考核指标设定可以分为配送前、配送中、配送后 3 个部分，并对各评估指标设定不同权重，如表 5.4-4 所示。

表 5.4-4　绩效考核的指标设计

序号	考核环节	权重		考核指标
1			30%	分拣准确率
2	配送前	30%	30%	紧急订单响应率
3			40%	按时发货率
4			25%	配送延误率
5			20%	货物破损率
6	配送中	50%	20%	货物差错率
7			20%	货物丢失率
8			15%	签收单返回率

序号	考核环节	权重		考核指标
9			30%	通知及时率
10	配送后	20%	30%	投诉处理率
11			40%	客户满意度

其中，为了进一步提高配送环节的服务质量，企业也可将服务质量指标作为关键绩效指标，如表5.4-5所示。

表5.4-5　关键绩效指标

目标	关键绩效指标	计算方式	考核频率
提高客户满意度	客户服务满意度	客户服务满意度调查	季度
提高运输计划执行质量	客户运输计划执行准时性	$\dfrac{\text{本期发生运输计划执行延误数目}}{\text{本期运输计划总数目}} \times 100\%$	月度
提高提单制作质量	提单制作出错率	$\dfrac{\text{本期发生错误提单的次数}}{\text{本期提单总数}} \times 100\%$	月度
提高单证质量	单证准确率	$1 - \dfrac{\text{本期发生单证错误的次数}}{\text{本期运输单证的总数}} \times 100\%$	月度

5.4.3　配送人员绩效考核策略

绩效考核必须发挥激励配送人员提高工作质量的效用，因此，在设计配送人员绩效考核的过程中，企业应掌握基本策略。

1. 设计原则

设计配送人员的绩效考核时应当遵循4个原则，如表5.4-6所示。

表5.4-6　绩效考核的设计原则

序号	设计原则
1	坚持实事求是、客观公正原则
2	体现多劳多得、奖勤罚懒原则

序号	设计原则
3	遵循差异考核、结果公开原则
4	实行分级考核、逐级落实原则

2. 考核时机

为提高绩效考核的准确性，企业在选择绩效考核时机时，应注意 3 个方面的因素，如表 5.4-7 所示。

表 5.4-7　绩效考核的时机选择

序号	注意事项
1	避免在组织气氛欠佳或工作繁忙时期考核
2	避免考核时间过长或内容烦琐
3	年终评比、成果鉴定、年度激励等事项可同时进行

3. 实施程序

为了提高绩效考核的效率，引起配送人员的重视，配送人员的绩效考核应按照一定的程序进行，如表 5.4-8 所示。

表 5.4-8　配送人员的绩效考核程序

序号	考核流程	内容	说明
1	准备阶段	确定考核主体	一般包括配送经理、调度专员、配送专员、装卸专员等
2		确定考核内容	根据不同岗位分别制定
3		确定考核周期	一般采用月度考核、季度考核和年度考核
4	实施阶段	绩效考核说明	由上级主管提前与配送人员进行沟通，明确考核目标和标准
5		绩效考核指导	由上级主管指导配送人员保持正确的工作方法
6		自我绩效评价	由配送人员对照绩效目标进行自我评价
7		部门主管考核	由上级主管对配送人员绩效进行考核
8		确定考核结果	由上级主管和人事部、财务部确定考核结果

序号	考核流程	内容	说明
9	反馈阶段	面谈	由上级主管与配送人员面谈，告知考核结果，并进行分析以便改进
10	运用阶段	绩效奖金	根据配送人员绩效考核成绩，发放绩效奖金
11		员工培训	根据配送人员考核等级，安排员工培训

5.4.4 配送经理绩效考核细则

配送经理，主要负责配送中心的整体管理，包括合理安排配送人员、合理调配运输车辆、指导和监督配送工作等。

对配送经理的绩效考核应进一步细化。

1. 配送经理的岗位职责

配送经理的岗位职责如表 5.4-9 所示。

表 5.4-9 配送经理的岗位职责

序号	职责
1	制定运输配送日常管理制度，并负责落实执行
2	负责审批运输配送计划，并监督实施
3	对运输配送人员进行调度和安排
4	组织运输配送设施设备的日常管理工作
5	负责运输车辆的组织、调配和管理
6	对运输配送过程中产生的单据和档案进行管理
7	完成领导临时交办的工作

2. 配送经理绩效考核指标

配送经理的绩效考核需要关注整个环节的质量，其考核指标的设计应当分为配送和运输两个环节进行。

（1）配送绩效考核。

配送环节绩效考核指标量表，一般如表 5.4-10 所示。

表 5.4-10　配送环节绩效考核指标量表

被考核人姓名		职位	配送经理	部门	配送部
考核人姓名		职位	总经理	部门	

序号	KPI 指标	权重	绩效目标值	考核得分
1	配送计划完成率	20%	考核期内配送计划完成率达到 100%	
2	发运总量（吨）	15%	考核期内配送部发运总量在　吨以上	
3	配送管理费用总额	15%	考核期内配送管理费用控制在预算范围之内	
4	单位配送成本降低率	10%	考核期内配送成本降低率在　% 以上	
5	客户满意率	10%	考核期内客户满意率在　% 以上	
6	配送及时率	10%	考核期内配送及时率在　% 以上	
7	配送货损率	5%	考核期内配送货损率在　% 以下	
8	配送的差错率	5%	考核期内配送的差错率在　% 以下	
9	收发货差错率	5%	考核期内收发货差错率在　% 以下	
10	员工管理	5%	考核期内部门员工绩效考核平均得分在　分以上	
本次考核总得分				
考核指标说明				

被考核人		考核人	复核人
签字：　　日期：		签字：日期：	签字：　　日期：

（2）运输绩效考核。

运输环节绩效考核指标量表，一般如表 5.4-11 所示。

表 5.4-11　运输环节绩效考核指标量表

被考核人姓名		职位	配送经理	部门	配送部
考核人姓名		职位	总经理	部门	

序号	KPI 指标	权重	绩效目标值	考核得分
1	运输任务完成率	20%	考核期内运输任务完成率达 100%	
2	运输管理费用总额	15%	考核期内运输管理费用总额控制在预算范围内	
3	运输路线计划更改的次数	10%	考核期内运输路线计划更改次数在　次以内	
4	运输资源开发计划完成率	10%	考核期内运输资源开发计划完成率在　%以上	
5	完成运量及时率	10%	考核期内完成运量及时率在　%以上	
6	运输货损率	10%	考核期内运输货损率在　%以下	
7	单位运输成本降低率	10%	考核期内单位运输成本降低率达　%	
8	车辆完好率	5%	考核期内车辆完好率达　%	
9	运输安全事故发生次数	5%	考核期内运输安全事故发生次数在　次以下	
10	员工管理	5%	考核期内部门员工绩效考核平均得分在　分以上	

本次考核总分

考核指标说明	运输资源开发计划完成率 $= \dfrac{\text{运输资源开发实际完成量}}{\text{运输资源开发计划完成量}} \times 100\%$

被考核人	考核人	复核人
签字：　日期：	签字：　日期：	签字：　日期：

5.5 供应链协调与管理

从库存到配送，从仓储到物流，随着精细化管理的不断推进，供应链价值也在逐渐变化。面对持续变化的客户需求，供应链各节点都在向智能化发展，而在供应链的协调与管理下，智慧供应链也将反向改变当今业态。

5.5.1 从库存到配送，供应链产生什么价值

消费升级、"互联网 +"、大数据、云计算……越来越多的新名词涌现在消费市场。在智能时代的加速发展下，每位消费者都成了新技术、新概念的"体验官"。

供给侧与需求侧的合力推动，使得供应链的主导权逐渐向消费者转移。面对新的竞争环境，从库存到配送，从仓储到物流，传统的供应链运营管理必须进化，以产生新的价值。

与往常不同的是，面对海量的个性化需求，供应链进化的驱动力量不再单纯来自供给侧，需求侧正在成为供应链革新的"领航员"。因此，供应链必须具有更强的及时响应能力，能够快速响应市场需求，为消费者传递更好的产品、体验，从而打造更具优势的供应链品牌。

具体而言，供应链产生的价值可以从产品、体验、品牌 3 个维度来传递，如图 5.5-1 所示。

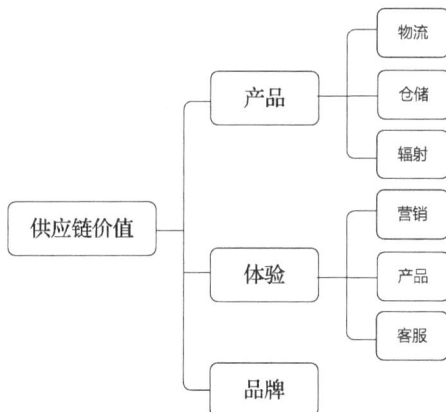

图 5.5-1 供应链价值的传递

1. 产品传递维度

在传统零售场景下,商家的商品传递到消费者必须经历3个环节,即物流、仓储及辐射。

(1)物流。

无论是百货、超市等传统线下零售,还是以电商为代表的线上零售,要确保商品的有效流通,都需要一条完整的物流供应链作为支撑。在这条物流供应链上,商品从厂家传递至最终消费者。

(2)仓储。

无论如何向"零库存"努力,仓储都是零售场景中的必要环节。仓储管理既是充足货源的保障,其效率提升也是精细化管理的重要组成部分。如果缺乏有效的仓储管理,"爆仓"将成为市场常态。

(3)辐射。

所谓辐射,就是物流及仓储的辐射范围,它直接决定了商品能够传递的范围。很多从业者认为辐射范围越大越好,但却有个必要前提——确保服务质量。否则,越大的辐射范围,意味着越差的服务体验。

例如,顺丰、申通等物流企业的快速成长,正是因为其专注于产品传递领域。在新模式的探索、新技术的应用中,持续提升物流供应链、仓储管理的效率,并尽可能地拓展辐射范围。

在这样的场景需求下,传统的产品传递正在向"全流通传递"进化。物流供应链逐渐涵盖仓储管理,仓储管理慢慢与实体门店融合,线下场景式体验与线上虚拟式体验相结合……仓配一体、仓店一体等新模式,正是供应链价值的全新体现。

2. 体验传递维度

传统的客户消费体验主要源自营销策划、产品属性与人工客服3个层面。

(1)营销策划。无论是电商还是实体零售,营销信息都是客户体验的第一层面，如果营销方案不符合客户审美，客户自然不会选择这样的产品。

（2）产品属性。产品是客户体验的核心和基础，即使企业在其他层面做得再好，如果没有产品作为根基，客户体验就无从谈起。

（3）人工客服。客服是连接产品与客户的桥梁，发挥着重要的产品服务传达和交换作用，客服体验贯穿了售前、售中、售后等全消费环节。

传统供应链在提升客户体验时，都会从营销策划、产品属性与人工客服等3个层面着手。但在供应链的自我进化中，越来越多的无人商店涌现，导购、收银、客服等传统客服人员都成为被"消灭"的对象。

很多人会疑惑："没有了人工，如何提供客服？"其实，只有"消灭"了人工，才能让服务无处不在，让消费更加流畅。

例如，在无人体验店中，客户走进商店、选取商品、走出商店即可完成整个消费流程：没有导购，因为商品都采用了最科学的摆放方式；没有收银，因为移动支付已经进化为"无感支付"；没有客服，因为对商品和收款的正确性足够自信。

依托这种"全服务"，客户体验得以进一步提升，更加贴近"随时、随地、随意"消费的新零售内涵。

3. 品牌传递维度

传统的品牌传递都是一种单方面陈述，由品牌商告诉消费者：我是什么样的企业；我有什么样的产品；我有什么样的服务；我的核心优势是什么……

为了让品牌传递触及更多消费者，渠道管理一直处于重要地位，如传统的经销商渠道以及各大电商渠道等。

但无论如何陈述、用何渠道，这种单方面的品牌传递，都存在一个致命问题——无法实现与消费者的互联互通：品牌商无法实时掌握消费者的需求，因而难以提供更加精准的产品和服务；消费者无法有效感知品牌商的重视，因而难以形成更加稳固的品牌忠诚度。

针对这样的问题，"一品一码"、人工智能、增强现实（AR）等技术逐渐被应用到供应链当中。

例如，借助"一品一码"，每件商品都被贴上唯一的二维码，并以扫码优惠、溯源等功能吸引消费者关注，即可有效建立独属于每位消费者的数据库。消费者的每一次消费都能通过这种方式被记录，企业也得以能够制定更加精准的营销方案，在这样的"贴心"体验下，消费者自然也会更加忠于品牌。

在新零售与新物流时代，二维码之所以得到如此普遍的应用，正是因为，在供应链的自我进化中，它承载着品牌商品牌传递的重任。

5.5.2 智慧供应链如何改变连锁企业

智能时代的发展，正在推动传统供应链的自我进化，连锁企业作为供应链的核心构成，也同样如此。

近年来，连锁企业纷纷投入关于新零售、新物流的探索与实践中，在品类、爆品、体验、渠道等维度，连锁企业的创新都已进入高度活跃期，而这也对供应链提出了新的要求。

任何产业和行业都处于创新过程中，作为直接面对消费者的终端企业，连锁企业却囿于多年的传统经营模式，难以实现快速变革。

因此，很多连锁企业不可避免地陷入发展困境：市场渗透率不断下滑、终端零售店来客数在急剧减少……更为尴尬的是，这种情况将会越来越突出，在可预见的未来，商场、实体店来客量的饱和将成为不可逆的现象。

然而，无论是阿里还是京东的相关负责人，都一直在各种场合强调新零售的3大核心要素——来客量、浏览量和客单价。

在实体店来客量急剧减少的当下，连锁企业又要如何借助智慧供应链实现变革呢？

1. 树立流量零售理念，创新供应链价值

连锁企业要适应新零售时代的发展，就必须树立流量零售的概念，一切以流量为重心，将吸引、连接、影响客户，并打造持续稳定、有效的客户价值，作为运营重点。

无论是新零售时代，还是传统零售或电商时代，客户都是核心要素——没有客户，一切努力都毫无价值。

在这一逻辑下，商品只是经营客户价值的一种载体，门店也只是吸引客户流量的一个入口。企业要考虑的就是：如何将门店打造为新客户连接器、老客户关系维护中心。

当我们将目标客户吸引到门店时，就可以根据客户需求打造商品，而不再是通过打造商品吸引客户。

例如，盒马鲜生在不断吸引客户、连接客户的过程中，其发展路径已经与传统大卖场截然不同，其以"大海鲜""超市＋餐饮"作为主要定位，以迎合目标客户需求。

在智能时代，连锁企业供应链的价值也应顺势进行创新。

（1）从材料到商品。

商品仍然是供应链价值的核心载体，但商品如何体现供应链价值呢？其关键不再是制造商的材料本身，而是要融合多种虚拟的文化元素，让商品创造出更大的价值。

例如，2019 年 6 月，优衣库推出与 kaws 联名的新款 T 恤，一上线就成为爆款。这款售价 99 元的 T 恤一度被炒到 499 元，甚至 799 元。

事实上，kaws 的联名之路由来已久。2017 年，AIR JORDAN4 推出与 kaws 联名款球鞋，其定价为 360 美元，最后却被炒至 3500 英镑，折合人民币约 3 万元。

而优衣库作为平价快时尚品牌，在不断提升服装质量的同时，更是屡屡推出联名款 T 恤，借助漫威、星球大战、少年 JUMP 等大 IP，尽可能为客户创造更大价值。

（2）从成本到品质。

身处消费升级时代，消费者更加追求商品品质，而不只是价格。因此，供应链在创造客户价值时，也不能仅仅考虑成本本身，还要考虑全流程中的附加价值，从而为客户带来更多的价值。

例如，家电企业还有没有出路？关于这个问题，张瑞敏曾经谈道，"肯定是没有出路了，只能是从卖产品转向打造终身顾客价值，只能是社群经济。"

海尔家电在不断拥抱物联网技术，以满足客户个性化需求，为其提供场景服务的同时，也更加关注社群经济，从而满足客户的情感需求。

正如张瑞敏在一次演讲中所说："人工智能不可能把人的意志搞清楚……一定要和人当面交流，当面接触。而计算机在可预见的未来根本做不到这一点。"

因此，海尔推出"三个十万"计划，即十万个农村水站、十万个城市社区、十万个"车小微"。在不断营造海尔社群生态的同时，为海尔产品创造更大价值。

（3）从效率到价值。

效率本身就是价值的重要组成部分，在供应链运营中，要考虑如何让效率的价值呈现出来，即借助更高的效率创造更大的价值。

例如，蜀海在进军新餐饮供应链时，就提出"以终为始"的概念，以呈现给客户的菜单为核心，集食材采购、生产、加工、仓配、研发等全环节为一体，借助独特的物流配送中心和中央厨房，以及对应的车队及研发能力，为餐饮市场提供全托管式的服务。

在如此高效的运营管理下，蜀海可以为餐饮市场提供全品类的服务。据介绍，在北、上、广、深等主要市场，蜀海提供的产品SKU数超过4万，涵盖冻货、净菜以及酱料等各种单品。

2. 认清多元零售市场，推动供应链创新

新零售的变革创新，为整个连锁行业带来了重大的变革机遇。与此同时，零售市场也已经发生根本的结构性变化，由以往的单一市场转变为多元化市场，这一趋势将进一步延伸至供应链各节点。

多元化的零售市场，为参与者带来了新的市场机会，要把握这一机会，企业就要进一步创新，通过产品、渠道、营销等创新适应市场变化。

具体而言，主要包含3个层面的内容。

（1）分销体系。

在终端市场走向多元化的当下，传统的分销模式不再适应市场变化，供应链必须对分销体系进行重构，用更有效率的分销体系提升交易效率与交付效率。

（2）技术应用。

面对人、货、场的重构，供应链要提升整体运营效率，就要进一步利用技术的驱动力量，从零售终端开始，打通供应链全链路，并建立起新的链接，如厂家与消费者的链接、终端与供应链体系的链接等。

例如，美国时装设计师协会将传统服装业的供应链称为"崩坏的系统"，并将利用新技术提升效率的能力，看作当下服装企业生存和决胜的关键。

在美国时装设计师协会看来："一个'聪明'的供应链系统，应该能

够利用数据精准洞察消费趋势，辅助企业进行快速、贴切的商品企划决策，根据市场需求及时调整生产节奏，减小库存短缺或过剩造成的负担。"

（3）厂家参与。

智慧供应链的发展，也必然带来去中间化的行业变革。链条的缩短也是供应链效率提升的有效路径，因此，供应链运营管理要更加重视厂家的高度参与，使厂家成为渠道创新、终端创新的重要推动力量。

当下，伴随着厂家的高度参与，供应链的流通过程也正在发生转变，与传统供应链模式差别明显，供应链传统模式与创新模式对比，如图5.5-2所示。

	生产	产品	渠道	客户
传统模式	做了再卖（推动式）	同质化	渠道费用高	黏性低、忠诚度低
创新模式	卖了再做（拉动式）	个性化	中介平台化	黏性高、复购率高

图5.5-2　供应链传统模式与创新模式对比

第6章

商品采购计划与供应商选择精细化落地

　　仓储、物流、配送的对象都是物料或商品。因此，仓储、物流与配送的精细化管理，必然离不开采购环节的精细化落地，以及采购成本的有效控制。采购环节的精细化管理的落脚点同样是计划与选择。基于有效的商品采购策略与方法，以及供应商选择，企业才能借助采购风险管理与绩效评估，使精细化管理的效用最大化。这一点对连锁企业尤为重要。

6.1 商品采购的策略与方法

在微利时代，商品盈利空间不断被压缩，成本控制逐渐成为企业盈利的核心思路。在商品成本的构成中，采购成本的占比越来越大。对此，企业必须掌握商品采购的策略与方法，通过采购的精细化管理，实现采购成本的有效控制。

6.1.1 商品招标采购策略

俗话说，"货比三家不吃亏。"我国传统的消费习惯，就是在对多个卖家的货物进行对比之后，再做出最终的消费决策。在这样的过程中，消费者可以了解更多的产品及价格信息，而在卖家的价格竞争中，消费者也更有可能拿到优惠的价格。

企业采购环节同样如此。商品招标采购因此成为企业采购的重要方法。在进行商品询价、招标时，一般都要求供应商数量不少于3家。在相互比较中，企业可以借此获得商品的最低报价，或性价比最优的报价。

然而，很多企业在商品招标采购中却容易陷入各种误区，如所有商品都要招标或招标采购只看总价等。

例如，某企业需要采购一大型设备，有A、B、C三家供应商报价。其中C供应商的设备质量不符合要求，在报价对比上，A供应商报价总价大于B供应商报价总价。

此时，企业未经详细审批，就按照"商品合格、总价最低"的原则，选择了 B 供应商。

但在实际合作中，企业才发现，B 供应商采取了不平衡报价的方法，即总价格相对低，但易损件报价较高。因此，在设备使用过程中，企业不得不付出更多的采购成本，以采购易损件，造成采购总成本反而高于选择 A 供应商需付出的采购成本。

招标采购的核心目的是控制采购成本，为了规避招标采购误区，企业就必须制定完善的商品招标采购策略。

1. 招标采购原则

商品招标采购通常比较适合标准统一、技术规范、竞争激烈的商品市场，同时也需遵循相应原则。

（1）统一性原则。采购产品的规格应当统一，否则比价也不具效用。

（2）区域性原则。招标采购一般在本地采购中使用，因为区域差异可能导致供应商报价存在偏差。

（3）有效性原则。供应商只有一次报价机会，而且报价不能偏离商品本身的价格。如果出现报价偏离严重，无论过高还是过低，企业都应当将之剔除。

（4）合格供应商原则。招标采购的前提是，供应商能够通过企业的资质审查。

2. 单一商品招标

在采购单一商品时，由于产品规格、型号、参数唯一，所以企业在招标采购时，只需选择报价最低的合格供应商即可。

需要注意的是，如果采购商品较为简单，且企业与某家供应商已经建立长期合作关系，企业也可直接向该供应商发出采购需求，无须引入新的供应商进行比价，以免损害与合作供应商之间的信任关系。

尤其是当企业与供应商合作关系确实良好，且供应商商品价格符合企业需求时，固执于招标采购程序的做法，也必然导致一定的成本支出，而且是一种无效的成本支出。

3. 较大宗、多种类商品采购

在采购实践中，较大宗、多种类的商品采购时常发生，由于产品种类繁多、规格特殊、数量较大，每家供应商的优势也有所不同。此时，招标采购的过程也更复杂。

企业可以制作信息更加丰富的报价数据库，对供应商报价进行整理对比，通过对总价和单项价格进行分析，企业可以采用相应的议价手段。

（1）总价最低法。

企业可将采购清单作为一个整体，汇总供应商报价之后，选择报价最低的合格供应商，向其采购全部需求商品。

当采购清单不可拆分时，这种方法是最常用的比价方式。集中采购的方法也能确保质量和速度，但其中部分商品的价格必然还有谈价空间，企业难以获取真正的底价。

（2）单项最低法。

企业在获取每家供应商对采购清单的报价后，对清单中的所有商品逐一比价，然后向相应的供应商采购报价最低的商品。

当采购清单可拆分时，这种方法能够确保企业采购价格绝对最低，但由于供应渠道分散，企业难以享受到统一的服务。与此同时，单项商品的采购有时也使企业无法享受到集中采购的价格优惠。

（3）集中压价法。

该方法是将总价最低法和单项最低法结合的方法，企业在选出总价最低的供应商之后，再根据其他供应商报出的单项产品的最低报价，与该供应商进行议价，最终得出总价最低的报价。

这种方法让企业能够在享受集中采购的优惠的同时，确保总价的绝对最低。但这种方法十分考验采购人员的议价能力，也受限于供应商自身的盈利空间。如果供应商在某项商品上本就难以盈利，且整体盈利空间有限，其自然不会接受议价。

4. 注意非价格因素

采购成本的构成并不局限于采购价格。如供货期限、包装材料、运输、售后服务、付款方式等内容，都会影响采购成本和采购效率。

即使采购价格最低，如果供货期限过长，或售后服务较差，企业也可能需要付出额外的采购成本，导致采购总成本不降反增。

因此，企业在进行商品招标采购时，也必须关注可能造成影响的非价格因素。

5. 制定招标采购管理办法

为了提高招标采购的效率，企业应事先制定商品招标的采购流程，以确保招标采购的有序推进。一般而言，商品招标采购流程如图 6.1-1 所示。

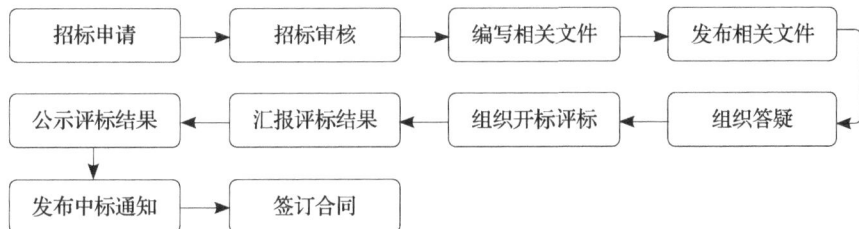

图 6.1-1　商品招标采购流程

企业只有完整把握商品招标采购策略，并制定完善的管理办法，才能在具体采购中做到有的放矢，既能控制采购成本，又能提高采购效率。

例如，晋城金焰机电公司在商品采购方面，对招标采购制定了详细的管理办法。

（1）管理办法。

该管理办法的主要内容包括 3 个方面。

① 凡一次性采购单项价值超过 5000 元的物资，必须坚持"货比三家，

择优选购"的采购原则。

②在采购物资时，要综合分析质量、价格、付款方式及付款条件、供货期限、其他费用、售后服务等方面的情况，坚持公开、公正的原则。

③所有参与报价的供应商，原则上应是我公司此前合格的分承包方。

仅从以上3点规定，就能看出该公司在采用"货比三家"法时的严谨性。在具体采购过程中，采购员会对供应商的报价信息进行汇总，并详细对比。发动机减速器的咨询信息汇总表如表6.1-1所示。

表6.1-1　发动机减速器的咨询信息汇总表

项目	第一家	第二家	第三家	第四家	第五家
价格	8000	9500	8700	9000	9250
供货期限	现货	2个月	现货	1个月	3个月
包装	没有包装，估计需2%包装费	单件包装	有托架无包装	纸箱包装每箱3件	每箱5件包装，带托架
运输	出厂另加5%运费	到厂	出厂（在本市）	出厂另加3%运费	到厂
质保期	3个月	2年	6个月	1年	1年
付款条件	90天	60天	90天	30天	30

借助信息汇总表，企业可以明确每家供应商的采购价格、供货期限、包装、运输、质保期、付款条件等信息，并据此计算采购的总成本，结合企业能够接受的付款条件，选择最适合的供应商。

（2）监督管理。

在招标采购的监督管理方面，金焰机电公司还制定了两个规定。

①供应部必须建立完整的统计台账，保存完整的报价记录，并认真做好全部资料的档案管理工作。

②凡经过"货比三家"，且市场供求价较为平衡的物资，原则上一年内不再变动供应商；与通过竞争报价确定的供货定点公司签订协议，按计划通知供货方供货。

这样的规定既能做好采购数据的积累，有助于后续采购的价格分析；也能避免因频繁的"货比三家"而导致的采购成本增加。

6.1.2 采购谈判与签约

在每次采购活动中，都离不开采购谈判（Acquisition Negotiations），即企业与供应商之间的磋商协议，内容包括物料品质、规格、数量、包装、售后、价格、交货方式、付款条件等。

在国内，通过适当的谈判挤掉供应商的报价"水分"，是必需且必要的。

1. 采购谈判原则

在采购谈判中，各个企业和采购人员都有自己的一套技巧。虽然具体方式不同，但其根本目的都是：与供应商建立合作关系，并在良好的合作中降低采购成本、实现双赢。

因此，企业无论采取何种谈判方法，都需要遵循 5 个合作原则。

（1）量的准则：确保所说的话包含谈判所需的信息，且不超出相应的范围。

（2）质的准确：确保所说的话都真实，不说缺乏足够证据和权限的话。

（3）关系准则：谈判内容均应与谈判主题相关，而非漫无边际地闲谈。

（4）方式准则：谈判内容应清晰明白、简洁，避免晦涩、歧义的内容。

（5）礼貌原则：遵循得体、慷慨、谦逊、一致等礼貌原则，以建立良好关系。

2. 采购签约

采购合约涉及商品价格、品种、规格、日期等多项内容。合约的签订，是供需双方权益的有效保障，也是采购精细化管理的重要手段。

例如，当长期需求的商品处于历史低价水平时，企业可以考虑签订"期货合约"，在未来产生需求时，以当前的较低价格采购商品，从而降低未来的采购成本。

在采购中，根据采购需求的不同，企业也要善于选择不同类型的合约。

（1）短期合约。

短期合约（短期采购）类似一次性交易，依靠短期合约，企业可以在满足自身采购需求的同时，保持极大的灵活性。

然而，短期采购的不稳定性，也会影响采购谈判的效果，从而出现价格洽谈、交易及服务等方面的不足。因此，短期采购主要适用于以下4种情况。

① 非经常消耗商品，如机器设备、车辆、计算机等。

② 补缺商品。由于供求关系变化，当长期采购出现供货中断的情况时，为保障正常经营需要以短期采购作为及时补充。

③ 价格波动大的商品。针对此类商品，无论是供应商还是采购商，都不希望签订长期合同，以免因价格波动导致自身利益受损。

④ 质量不稳定的商品，如农产品、试制新产品等。由于每批次产品质量不稳定，故需选择短期采购或一次性采购。

（2）长期合约。

长期合约（长期采购），是由买方承诺在某段时间内，向卖方采购一定数量的商品的合约。长期合约的签订，不仅能够帮助企业降低采购价格，也是供需双方信任的基础，有利于供需双方建立双赢的合作关系。

然而，长期采购也存在不足，如价格调整困难、合同数量固定、供应商变更困难等。

因此，在签订长期合约之前，必须选定最合适的供应商，并确保合同内容足够完善，以免因条款限定，而在商品价格、数量或质量等问题上陷入被动。

3. 采购框架协议

为了提高生产弹性，多批次、小批量的采购也逐渐成为常态。此时，企业不可能为每笔交易签订短期合约，而由于采购数量和时间不确定，长期合约内容的确定也存在困难。

这种情况下，签订采购框架协议则是很好的选择。

当供需双方存在许多小批量的重复交易时，双方可签订一个特殊的合同覆盖此类需求，将每笔交易作为一个框架进行运作。针对每笔交易的特殊性，企业也可根据协议进行具体操作。

如此一来，企业就可以在获取长期合约效益的同时，确保商品采购的灵活性。

6.1.3　采购合同管理

采购合同是企业与供应商经谈判协商一致同意签订的法律性文件，合同双方都应遵守和履行合同。采购合同是供应商履约的基础，也是企业维护自身权益的保障，企业必须加强采购合同管理。

1. 采购合同的内容

采购合同的条款构成了采购合同的内容。因此，采购合同的内容应当力求具体明确、便于执行，以避免后期发生不必要的纠纷。

一般而言，采购合同的内容应当包括 7 个方面。

（1）商品的品种、规格和数量。

（2）商品的质量和包装。

（3）商品的价格和结算方式。

（4）交货期限、地点和运送方式。

（5）商品验收办法。

（6）违约责任。

（7）合同的变更和解除条件。

2. 采购合同的签订

采购合同的签订应当经过合同当事人的协商谈判，并取得一致意见。

为了确保采购合同有效，在签订采购合同时，企业应当遵循 6 个原则。

（1）合同当事人必须具备法人资格。

（2）合同必须符合相关法律规定。

（3）合同的签订应遵循平等互利、充分协商的原则。

（4）合同的签订应遵循等价、有偿的原则。

（5）当事人应以自己的名义签订合同，如委托他人代签，则需出具有效的委托证明。

（6）采购合同应采用书面形式。

3. 采购合同管理

要有效提高采购合同管理效率，企业应当建立专门的合同管理机构和管理制度，并建立合同登记、汇报检查制度，实现统一保管、统一监督。

在合同履行阶段，合同管理机构需检查合同的执行情况，发现问题要采取相应措施。如发生采购合同纠纷，合同当事人也需充分协商、解决问题，当协商无效时，企业则需向相关部门申请调解或仲裁。

总而言之，采购合同的履约情况，直接关系到企业经营能否顺利进行，且关系到企业声誉和形象。企业必须加强合同管理，树立良好的企业形象。

6.2　供应商选择

供应商是企业竞争力的延伸。在当今市场竞争中，供应商的影响作用越发凸显，供应商选择成为企业发展的核心问题。

优质的供应商将成为企业精细化管理的良好助力，如果供应商选择失误，企业也将面临各种困境，如生产计划中断、库存成本增加、物料缺货或残次等。

因此，企业必须依靠完善的供应商评估、辅导，实现供应链管理能力的提升，并做好供应商关系管理。

6.2.1 供应商评估

供应商选择的核心是供应商评估。企业必须经过严格的评估程序，筛选出符合企业需求的供应商，从而借助供应商能力提升企业竞争力。

关于评估程序的设计，企业要继续遵循全面、具体、客观的原则，对各评估要素进行筛选和细化。

1. 明确供应商评估要素

根据企业需求的不同，企业在筛选供应商时，必须选择不同的评估要素，以确保供应商能力与企业需求相匹配。一般而言，供应商评估要素主要涉及 6 个方面。

（1）能力要素，这主要包括研发、新产品开发与引进、厂房与设备、产能、品质计划、财务、成本控制、地理位置或距离、规划弹性、产品范围、后勤与整合、革新（产品、流程）、电子通讯等。

（2）时间要素，这涉及准时、服务回应时间、交货时间、周转时间、准时投标、送货时间和弹性等多种要素。

（3）品质要素，除物料本身的品质标准之外，还包括退货、ISO 标准、维修保养、对其供应商的品质控制等内容。

（4）合作、服务要素，这主要包括供应商管理阶层的承诺、销售服务、技术服务、投诉回应、行政服务；组织结构等。

（5）成本要素，这包括原材料、存货、毛利、经常性支出等。

（6）其他要素，指除上述 5 点以外与供应商相关的评估标准。如环保计划、数量达成、劳动力稳定、汇率风险、EDI 与其他通讯系统、轮班作业系统，运输、包装，保证与惩罚，检查服务，道德，地方保护等。

2. 制定评估标准。

针对潜在的评估要素，企业仍需要从中进行筛选，以找出适合企业与市场的评估要素。此时，企业应专门设立评估小组对此进行分析与讨论，以确保评估标准的科学性。

评估要素应结合采购战略和供应商市场进行确定，既不可脱离供应商市场盲目制定评估标准，也不可脱离采购战略盲目制定评估目标。

企业在制定供应商评估标准时一定要客观、公正，评估标准应是经过小组的讨论通过的。与此同时，企业也需注意，每一个采购类别的供应商评估标准都可能存在区别，不能一概而论。

根据既定的评估标准，企业可以在与供应商的沟通中，获取所需的相关资料，并进厂实地调查、尝试生产样板，从而对供应商资质产生全面、具体、客观的评价。

6.2.2 供应商辅导

随着企业竞争力的不断提升，部分供应商的能力有可能跟不上企业前进的步伐。此时，针对长期合作的供应商，企业当然不能一味采取优胜劣汰的做法，而应寻找使供应商改善的可能，辅导供应商随企业一同进步。

供应商辅导涉及的环节十分复杂。企业应当参与供应商管理，对供应商进行监督、辅导，并提供完善的改善方案。

1. 供应商辅导的价值

在信息时代下，很多企业都已开始精细化管理改革，以实现信息化生产与精细化运营，但与此同时，很多供应商的管理方式仍然十分粗放。此时，企业完全可以推广精细化改革成果，结合长期的合作经验，为供应商量身打造精细化管理方案，尤其是建设质量监控平台，以实现全程实时的质量监控分析。

借助人才、技术、系统的赋能，供应商的供应能力一般都能实现显著提升。而在这样的过程中，供应商与企业的关系也将更加紧密，这有助于供应链管理的协调整合。

但在谈及辅导发展时，很多企业表现出一定程度的抗拒，认为这是资源浪费。然而，相比更换供应商的转换成本，辅导发展的成本更低廉，而且辅导熟悉的供应商发展，也能为企业带来更多的收益。

因此，在对供应商的日常绩效管理中，企业应实时关注供应商供应能力的变化，及时给予辅导与协助。

当然，这并不意味着资源的盲目投入。根据成本－效益的预期分析，如果某个供应商确实难以满足企业要求，即使辅导也无法实现有效提升，企业则可以引入退出机制，在优胜劣汰中，与该供应商终止合作。

2. 供应商辅导的核心

如果供应商无法达到企业的要求，企业就可以考虑启动辅导发展程序，通过驻厂协调和技术指导等方式，推动供应商的提升。

具体而言，供应商辅导的核心包括 2 个方面。

（1）目标沟通。

在与供应商展开合作之初，企业就应该明确绩效考核与辅导改进的内容，与供应商进行充分沟通。

但在实际操作中，很多供应商不重视企业的绩效考核，只是"按约供应"，合约之外的内容完全不予理睬。

因此，为了使供应商辅导能够有序进行，企业必须在合约中明确相关内容，并制定完善的供应商绩效管理方案。

由于绩效考核结果对应着具体的奖励和惩罚方案，供应商也会更加重视企业的绩效考核，并积极配合企业实现采购战略。当得到绩效结果之后，企业应当就绩效结果与供应商进行深入沟通。

（2）改善依据。

供应商是企业竞争力的延伸。企业内部运营能力的改善，在于以内部绩效管理为基础的员工管理；供应商能力的改善，同样需要企业基于绩效考核对供应商发展进行辅导。

通过绩效考核，企业才能对供应商能力产生明确的认知，清楚认识每个供应商的优势与劣势。以此为基础，在与供应商的有效沟通中，绩效结果也将成为供应商的改善依据，帮助供应商有针对地改善自身存在的问题。

因此，日本的很多制造企业甚至会在采购部门下成立供应商发展部，其作用就是辅助供应商的发展。

如此一来，在供应商能力的定向提升过程中，企业竞争力也将随之提升，最终实现共同发展、共同进步。

6.2.3　供应链打造

如何实现价值共赢呢？其基础就是关系管理。只有在充分的沟通与协作中，企业才能实现供应商的价值整合，并借助供应商供应能力的提升，实现企业采购竞争力的提升，继而推动整个供应链的价值共赢。

例如，丰田汽车公司在与供应商洽谈合作时，只要供应商能够达到丰田汽车公司的需求，无论对方规模、业绩如何，丰田汽车公司都会提供公开、公正、公平的进入机会。即便某家供应商员工人数不超过十人，但只要其有足够的技术能力和潜在能力，就能获得丰田汽车公司的订单。

"力争建立与供应商共同繁荣的交易关系"是丰田汽车公司的供应商管理核心。

根据"相互信赖、共同繁荣"的基本方针，丰田汽车公司会拿出自己的资源，让供应商进行内部改善。丰田汽车公司会向所有供应商发布"丰田世界期待值制度"和"国际价格比较系统"，在明确表明丰田公司的成本需求后，如果供应商提出改善计划，那么丰田汽车公司将会对其进行特别观察与指导。丰田汽车公司渴望通过这种方式，辅助供应商主动提高竞争力。

同时，丰田汽车公司并不限制供应商与其他汽车厂商的交流，因为其知道：通过与其他公司合作，这些供应商的实力也会得到极大提升，进而让丰田汽车公司受益。

在这样的供应链打造思路下，虽然丰田汽车公司的全球供应商分布

广泛，但其产品成本控制却始终保持在合理的范围内。丰田汽车公司也
凭借强大的供应链，成为日系汽车制造公司的成功代表。

　　基于有效的采购与供应商管理，企业应当从全局角度出发，着手打造属
于自己的供应链，并以此取得供应链竞争的胜利。

　　一般而言，供应链竞争优势大多由质量、成本、客户体验和创新 4 大要
素构成，如图 6.2-1 所示，根据各企业的战略选择，其侧重点也有所不同。

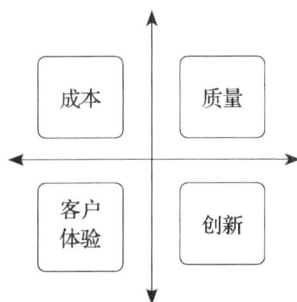

图 6.2-1　供应链竞争优势

　　例如，小米手机的成本与苹果手机的创新，丰田汽车的质量与宝马、
奔驰汽车的体验等。

　　在不同的核心竞争优势下，相对应的供应链也呈现出不同的特征。供应
链模式如图 6.2-2 所示。

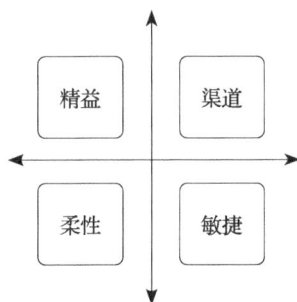

图 6.2-2　供应链模式

将供应链竞争优势与供应链战略结合，并不断细化，就能够得到供应链竞争模型，如图 6.2-3 所示。

战略			
核心要素	质量	成本	客户体验	创新

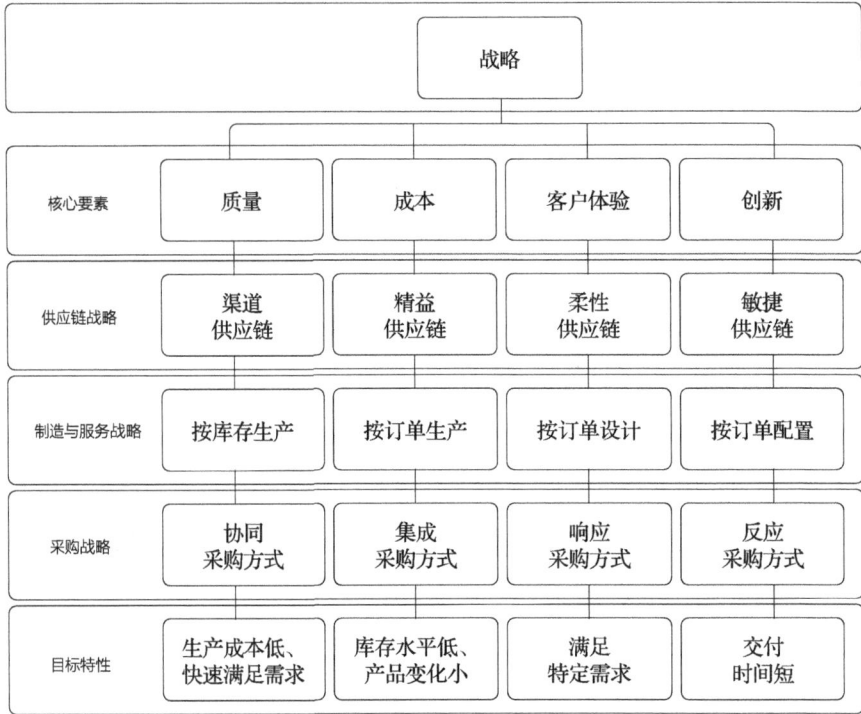

图 6.2-3 供应链竞争模型

核心要素	质量	成本	客户体验	创新
供应链战略	渠道供应链	精益供应链	柔性供应链	敏捷供应链
制造与服务战略	按库存生产	按订单生产	按订单设计	按订单配置
采购战略	协同采购方式	集成采购方式	响应采购方式	反应采购方式
目标特性	生产成本低、快速满足需求	库存水平低、产品变化小	满足特定需求	交付时间短

依据供应链竞争模型，企业就能定准供应链竞争的核心要素，并据此构建企业的供应链战略、制造与服务战略、采购战略等，进而打造出真正符合目标要求的供应链形态。

6.2.4 供应商关系管理

随着供应商关系管理愈发得到重视，企业也要明确供应商关系的主要模式，以及相对应的策略分解。

供应商关系的构建，主要可以通过 3 个维度来进行，即供应风险、物料价值和对我方的价值，如图 6.2-4 所示。

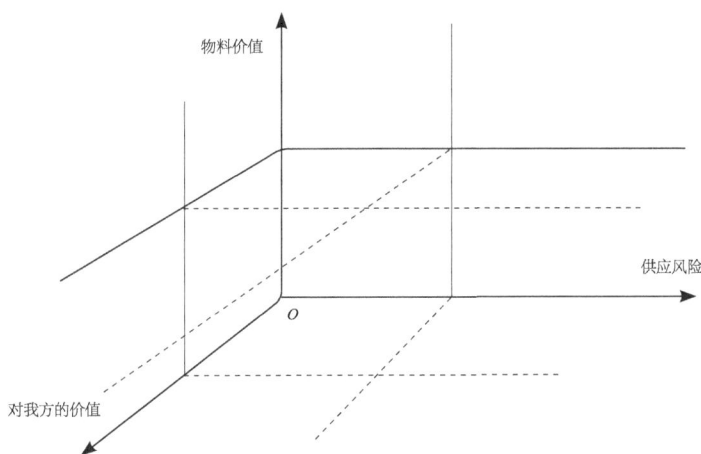

图 6.2-4　供应商关系维度

　　基于以上 3 个维度的评分高低，就形成了供应商关系的 8 大主要模式，以及相对应的关系策略，如表 6.2-1 所示。

表 6.2-1　供应商关系模式及关系策略

供应风险	物料价值	对我方价值	关系策略
高	高	高	优化设计，战略合作等
高	高	低	潜在替代，价值分析与价值工程（VA/VE）优化等
高	低	高	少量库存
高	低	低	少量库存，替代，优化设计
低	高	高	供应商管理库存（VMI），招标
低	高	低	潜在替代，优化
低	低	高	保持，优化
低	低	低	标准流程操作

　　表 6.2-1 中的关系策略较为简单，由于供应商关系一般呈现出多种形式，基于企业需求和采购特性，企业需要视情况与供应商建立关系，但要切记：避免建立对立关系，并尽量脱离松散型关系。

　　一般而言，企业与供应商之间的良性关系表现有：

① 交易关系；② 较紧密的战术关系；③ 单一供应源关系；④ 外包关系；
⑤ 战略联盟关系；⑥ 伙伴关系；⑦ 共同命运关系。

在供应商关系管理中，企业一般需要采用多个供应商关系策略，以分散采购风险。同时，借助绩效考核对供应商进行管理，企业也能让多个供应商之间形成良性竞争，实现供应商价值的有效整合。

需要特别注意的是，针对企业的核心采购供应商，其供应商关系管理也应特别重视。在管理此类供应商关系时，主要有 3 种模式。

1. 垄断供应商

如果核心商品只有一家供应商能够提供，就会形成垄断效应。那么，企业应当将维护重点放在这类供应商之上。

强化与垄断供应商之间的关系，是确保采购战略得以实施的基础。

但需要注意的是，尽管垄断供应商占据话语主导权，但企业也不可因此完全倾向垄断供应商，否则很容易被完全控制。企业应当遵循垄断为主、策略为辅的原则，不要忽视与其他供应商的合作，这样才有可能打破垄断，拿到话语主导权。

2. 收购、垂直整合的模式

针对核心采购供应商，如果市场中存在多家同类供应商，但该供应商具有较强实力，企业也可以考虑采用收购、垂直整合的模式，让供应商成为企业的一部分。

这种模式有利于成本的有效控制，因为当核心采购供应商融入企业内部时，无论是成本控制还是协调管理，都具有更高的效率。

例如，苹果、谷歌公司等科技公司，经常采用此类方法，根据自身的战略需求，直接将相关公司纳入旗下，从而拥有对方的技术、资源和产能。

苹果公司 CEO 库克曾坦言："在过去的 4 个季度中，我们已经收购了 15 家公司，以此推动我们的产品和服务的发展，而且我们还一直在关注那些拥有强大技术、优秀人才以及战略上适合苹果的公司。"

未来，这种模式将会成为供应商管理的重要手段。不过需要注意的是，因为收购、垂直整合模式往往涉及大额资金，所以企业必须先做好充分调研再展开行动。尤其是在收购方案的制定上，对供应商的核心人才，企业应当设定相关约束条件，如不可在收购结束后的一定时间内离职，这样才能确保收购效益的最大化。

3. 合资、合营的模式

相比收购、垂直整合模式，合资、合营的模式对资金的需求较小，更适用于规模一般的企业。

在这种模式下，企业可以直接入股供应商，以提高企业对供应商的话语权。在这种模式下，供应商既可以开展其他项目，同时又受到企业的监督，其资源必须向企业倾斜。企业可以通过这种模式达到成本控制的目的。

通常来说，当企业自身实力有限，或供应商体量较大时，合资、合营是一种有效的核心采购供应商关系管理模式。

6.3　采购风险管理与绩效评估

即使有完善的采购计划，在采购过程中，也可能出现各种意外情况，从而影响全面采购成本管理的效果，甚至导致采购成本不降反增。如因采购预测不准，导致物料难以满足生产要求或采购成本超出预算；或因供应商产能下降，导致供应不及时、产品不符合订单要求等。

因此，企业必须做好采购风险管理，并借助采购联盟、绩效评估等方式，尽可能规避采购风险。

6.3.1 采购风险管理

采购风险的普遍存在，使得采购风险管理不容忽视。企业必须明确常见的采购风险，并挖掘企业内潜在的风险，从而制定出相应的管理方案。

1. 常见的采购风险

纵观各行业的采购实践，常见的采购风险主要有以下 7 种。

（1）意外风险。在物资采购过程中发生的各种意外风险，如自然风险、经济政策变动或价格变动等。

（2）质量风险。若供应商提供的物资质量有问题，或未达到质量标准，轻则会影响企业生产效率，重则会影响企业产品质量，从而影响企业声誉和削弱产品竞争力。

（3）技术风险。技术风险主要体现在产品和设备两方面。在产品的生产制造周期内，如技术发生重大进步，可能导致产品贬值甚至被市场淘汰，已采购物料也可能因此积压；在以设备采购为代表的短期采购中，由于信息技术的高速发展，设备的更新周期也愈来愈短，可能刚刚花重金采购的设备就已落后于时代。

（4）验收风险。发生在验收阶段的风险，主要包括数量上缺斤少两，质量上鱼目混珠、以次充好，品种规格不符合要求，外观变形等风险。

（5）存量风险，即库存风险。存量风险主要体现在 3 方面：① 物料采购量无法满足生产需求，导致生产中断；② 采购过量，导致库存积压，既会引发资金沉淀风险，又会引发存储损耗风险；③ 因对市场行情预估错误，盲目进货引发的价格风险。

（6）责任风险。很多采购风险，归根结底其实是以责任风险为主的人为风险，如合同审核不严谨导致合同纠纷，或采购人员收回扣、谋取私利等。

（7）合同风险。以合同为客体的风险包括：合同条款模糊不清、责任约束过于简化导致合同纠纷，甚至引发合同欺诈风险；合同行为不正当的风险，如对采购人员行贿，或给予虚假优惠等。此外，还存在合同日常管理混乱的风险，如合同丢失等。

2. 采购风险管理

任何事物都有风险，采购管理也同样如此，虽然采购风险不能被消除，但通过一定的手段和措施，却能够有效防范和规避采购风险，将采购风险的发生概率降到最低。

例如，汉明电子在应对采购风险时，专门引入专业化的信息系统，以便采购人员快捷、准确地获取信息，对供应商及其产品做出准确的评价。针对重要供应商，汉明电子还会派驻专职驻厂员，与供应商进行实时沟通协调，并对供应商的货物进行质量检查，以避免质量风险。

另外，针对以接单式生产为主的产品品类，为了确保关键器件按时、按质、按量到库，汉明电子充分利用 MRP Ⅱ 系统以及现货结合的方法以减少风险，并在项目开始前，就与原材料供应商进行充分沟通。

具体而言，采购风险管理主要从 3 个角度出发。

（1）建立并完善企业内控制度。

采购风险中很多都是内因型采购风险，如合同风险、责任风险等。与此同时，外因型采购风险，也需要企业内部人员进行控制。

因此，完善的内控制度是降低采购风险的前提。企业应建立并完善内控制度，加强职工教育，尤其是对采购人员的培训，以增强其法律观念、职业道德，从而确保内部人员按章办事，以企业利益为先，从根本上增强企业内部的风险防范能力，并杜绝各种内因型采购风险。

（2）加强采购招标与签约监督。

在与优质供应商的合作中，由于供应商资质佳、信誉好，外因型采购风险也能得到有效控制。为此，在采购招标环节，企业就要对供应商资质进行充分调查，确保招标流程符合程序、中标供应商符合要求，此后，企业也需定期对供应商进行复审评定。

一旦签订合同，企业就需要承担合同规定的各项义务，而可行使的权利也被限定在合同约定范围之内。因此，企业要进一步加强签约监督，确保合同条款符合政策、法律，且条款内容齐全、权利义务明确、手续齐备、签章齐全。此外，在签约之前，企业要确保供应商资信调查已经完成，能够切实掌握对方的履约能力。

（3）加强采购全过程、全方位的监督。

针对采购环节，企业必须加强全过程、全方位的监督。

全过程是指包含计划、审批、询价、招标、签约、验收、核算、付款和领用等所有环节。重点是计划制订、合同签订、质量验收和结账付款4个环节。

全方位则是指内控审计、财务审计和制度考核三管齐下。利用科学、规范的监督考核机制，在推动全面采购成本管理的同时，企业也可保护采购人员的利益，避免发生外部矛盾。

6.3.2　采购联盟

一般而言，小批量采购难以获取较好的价格优惠，但大批量采购会使采购风险发生概率增加，尤其是对很多中小企业而言，由于自身规模的限制，其采购量也难以达到一定规模，因而在采购市场上长期处于劣势地位，不得不面临较大的采购风险。

此时，建立采购联盟，则能聚少成多，通过联合采购将采购需求联合到一起，有效弥补企业采购规模小、单位分散、采购经验不足等缺陷，从而实现规模效益，降低采购成本并分散采购风险。

非洲的航空公司专门成立了非洲航空公司协会（AFRAA），以行业联盟的方式获取采购优势地位。尤其是在变幻莫测的国际原油市场上，非洲航空公司协会成员每年都会根据需求进行联合采购。如肯尼亚航空等9家航空公司就曾制订原油采购计划：在一年内累计采购7亿升、价值15亿美元的航空燃油。

采购联盟的核心是采购需求的集合，企业通过联合采购可形成规模采购优势，增强企业议价能力，并摊薄采购费用、分散采购风险。

因此，联合采购并不局限于中小企业，也广泛存在于大企业和集团企业中。在实际操作中，采购联盟的联合采购主要有 4 种方法。

1. 相近标的合同联合采购法

以合同标的为基础，实行少量品类或单一采购的联合机制。

2. 公司内项目部联合采购法

在大型企业，尤其是集团企业中，各项目部在采购时可进行联合，以避免独立采购的劣势。

3. 企业联合采购法

同行业企业的采购需求相近，因此，企业可通过建立行业联盟的方式，进行企业联合，实现多品种、长期的联合采购。

4. 跨行业联合采购法

不同行业企业之间，可能存在相同的采购需求，企业可以据此实行跨行业联合采购。

借助上述 4 种联合采购法，企业能够有效改进采购方法、优化采购策略，在提升采购效率的同时，充分降低采购成本。

但需要注意的是，采购联盟的合作基础在于信任，当联盟成员增加时，其作业手续也将更加复杂，这就需要主办单位拥有较强的协调能力，以统一采购需求、抓住采购时机。

6.3.3 采购绩效评估

在对供应链进行绩效评估的同时，在企业内部，企业也需对采购部门的绩效进行评估，规避内部管理漏洞造成的采购风险。

例如，某企业的采购人员的工作积极性不高，不能认真对待工作，对供应商的监管力度有限。并且，对供应商出现的问题，不能及时向企业进行汇报，得过且过的心态严重。久而久之，问题不断堆积、发酵，一旦大规模爆发，很难在短时间内得到有效解决，从而造成成本激增、交货周期大大延长。

采购人员出现这些问题，说明企业的内部管理存在明显漏洞。对此，企业必须加强内部管理，使员工形成"多做不错，不做大错"的观念，并将绩效直接与薪金、岗位职责等挂钩，这样才能有效激起采购人员的工作热情。

1. 绩效管理

采购绩效评估应当与企业采购战略协同，在设计采购绩效评估方法时，企业需要制定完整的绩效评估流程。

在一套完善的绩效评估流程下，企业才能通过采购绩效评估发现采购部门的问题。

采购人员在发现问题时，也可及时上报企业，并协助相关部门进行修改方案的制定，企业可以对此类员工进行现金奖励。

企业还需确定能者多劳的原则。若采购人员能够走进供应商的生产线寻找问题，其晋升的机会也将大大提升。

企业应当将采购人员的工作汇报纳入年底绩效考核和职务考评体系之中，名列前茅者获得相应奖励；始终处于末位者暂停其采购工作，待接受培训并顺利毕业后，才能重返工作岗位。

2. 责任制

采购人员同样还要承担责任。每位采购人员负责的领域，如果出现明显漏洞，如品质不过硬、交货周期严重超期等，他们需要承担相应责任，严重者甚至需要接受停职等处分。

只有让采购人员意识到，自己的工作直接关系着企业的未来发展，稍有不慎就可能给企业带来无法弥补的损失，他才能意识到自身工作的重要性，并积极与供应商进行交流，让问题在第一时间得到解决。

3. 定期提交工作报告

每一名采购人员，都应当定期提交自己的工作报告，说明供应商存在的问题，并写出解决思路和方案。通常来说，采购人员应以周为单位上交工作报告。

如果采购人员对待工作报告不认真，或多次无故不提交工作报告，企业应当及时展开内部问询，并暂停其工作。

6.4 连锁企业的商品采购与供应商选择策略

对连锁企业而言，商品采购与供应商选择一直是管理难点。很多连锁企业即使制定了完整的采购程序与标准，也难以规避采购环节的各类风险。同时，采购成本长期居高不下、新商品备货不足、旧商品滞销等现象，也成为连锁企业的运营常态。

对此，连锁企业必须进一步改善商品采购与库存策略，并掌握选择供应商的方法，尝试走向智能仓储、物流。

6.4.1 连锁企业商品采购与库存策略

连锁企业的商品采购涉及大量内容，且与企业库存息息相关。因此，连锁企业应当确定采购与库存管理的整体框架，进而改善相应策略。

连锁企业只有在明确图 6.4-1 中各项内容之后，才能制定出完善的商品采购与库存管理策略。

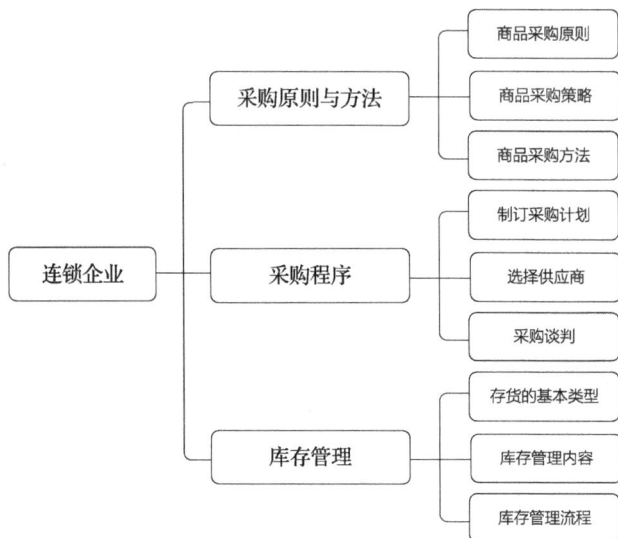

图 6.4-1　连锁企业的采购与库存管理框架

1. 全面采购成本管理

虽然采购成本在连锁企业运营成本中占比极高，但采购成本不是影响连锁企业运营成本的唯一要素。在很多情况下，企业单一地关注某一成本模块的改善，反而会"顾此失彼"，导致总成本不降反增。

因此，连锁企业在制定采购策略时，必须遵循全面采购成本管理的原则，实现总成本的最小化，而不只是实现采购环节成本的最小化。

尤其是在某个采购项目进行的初期，企业对可能需要投入的成本尚不明确，此时，总成本法为企业提供了一种强有力的成本估算方法。

具体而言，总成本法的内容如图 6.4-2 所示。

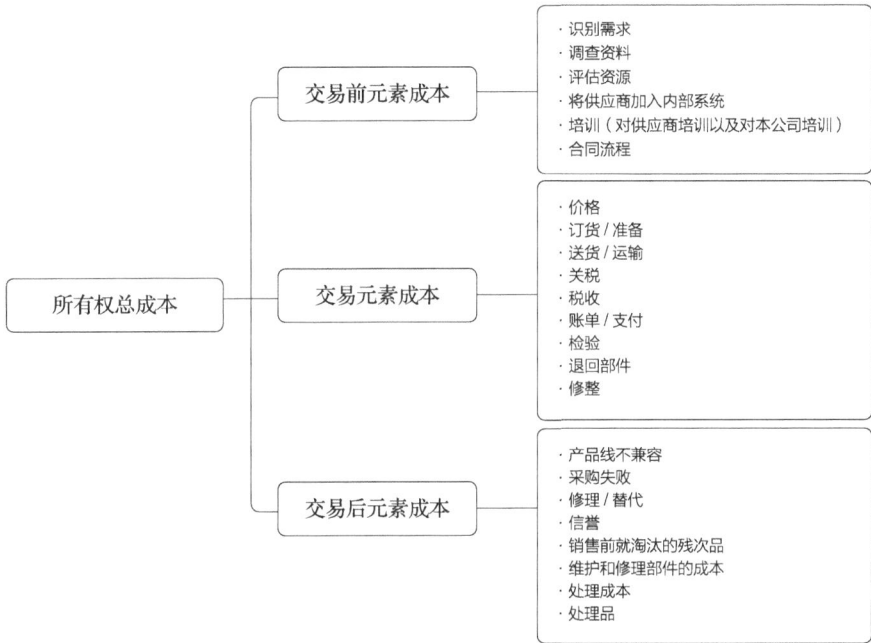

图 6.4-2　总成本法

　　总成本法的内容十分丰富，涉及采购交易前、中、后等各环节的各类元素。因此，为了使总成本法更加准确，企业应当在平时就对各类数据进行收集和整理，并将年度总成本法作为企业管理的重要工具。

　　只有基于完善的总成本法数据，企业才能对当年年度成本控制效果进行准确评估，并据此制定更加准确的次年年度目标。

　　为此，企业可以采用金字塔结构透视法，进行总成本管理，如图 6.4-3 所示。

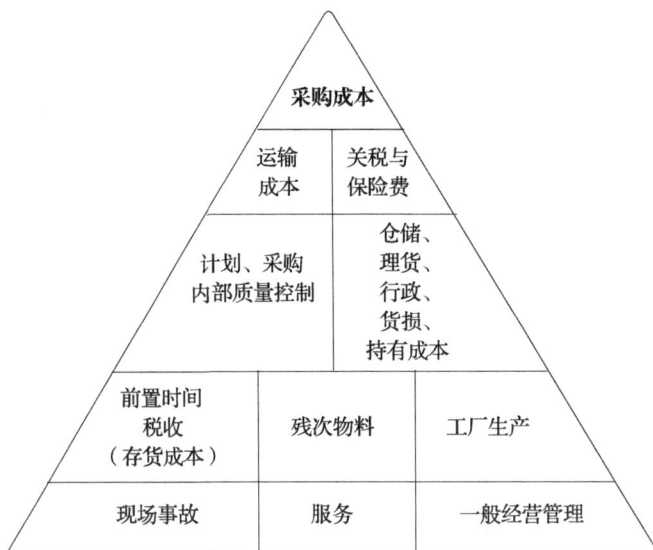

图 6.4-3　金字塔结构透视法

2. ABC 分类库存管理

在连锁企业中，商品的 ABC 分类尤为明显。因此，ABC 分类库存管理是连锁企业制定库存策略的重要手段。

一般而言，连锁企业应当根据商品分类不同，采取不同的库存策略，如表 6.4-1 所示。

表 6.4-1　ABC 分类库存管理

项目 / 级别	A 类商品	B 类商品	C 类商品
控制程度	严格控制	一般控制	简单控制
库存量计算	详细计算	一般计算	简单计算
进出记录	详细记录	一般记录	简单记录
存货检查频率	很大	一般	很小
安全库存量	低	较大	大量

3. 客户需求识别

连锁企业的采购与库存策略，应当实现在有效控制库存的同时，及时满足客户需求。因此，在此过程中，企业必须做好客户需求识别，对每份订单进行确认，从而确保采购、库存管理更具针对性。

一般而言，客户需求识别的流程如图 6.4-4 所示。

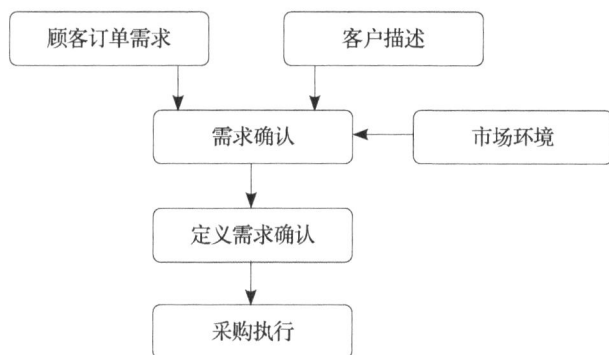

图 6.4-4 客户需求识别流程

只有在接受顾客订单需求之后，企业才能结合市场环境对客户需求进行确认，进而对需求进行定义，执行相应的采购任务。如果客户需求识别环节出现失误，不仅可能导致采购成本增加，而且可能损害顾客体验。

例如，某企业将订单大致分为两类。

第一类为常规订单，常规订单需同时满足以下 4 个条件：产品技术符合国家标准；属于公司现有产品或已为顾客生产过的产品；产品数量与交货期在库存或生产计划能满足的范围之内；产品包装及其他要求符合公司的相关规定。

第二类为特殊订单，指不满足上述 4 个条件中任意一个的订单。

在客户需求识别的全流程中，该企业各部门的分工也十分明确。

总经理：负责审批订单合同或要求。

营销部：负责与顾客联络及沟通，识别客户需求，并收集订单相关市场信息。

采购部：负责订单所需物料的市场分析与确认，并对项目计划与实施周期进行评审。

生产及物料控制（PMC）部：负责交货期、生产能力方面的评审工作。

质管部：负责品质要求的评审。

工程部：负责对生产工艺的评审，并制作作业指导书。

生产部：负责生产计划的制作与评审。

在各部门的协作中，客户需求识别效率得到极大提升，而完善的评审流程也能确保订单需求的分解确认，使每一份订单都能起到推动企业发展的作用，并在控制库存的同时，对采购成本进行全面管理。

6.4.2 连锁企业供应商选择

通常来说，一套完整的供应商选择流程应如图6.4-5所示。

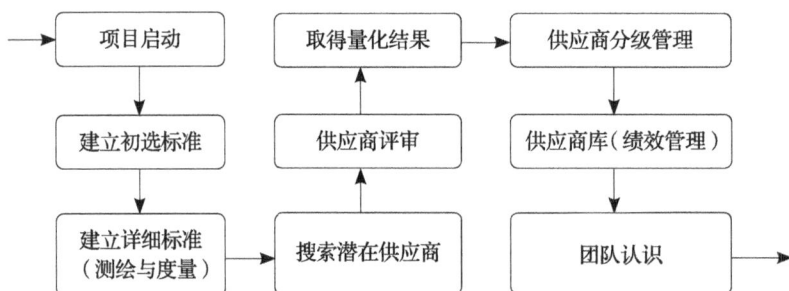

图6.4-5 完整的供应商选择流程

连锁企业在进行供应商选择时，也需要结合企业实际，采取适当的选择策略。

1. 遵循"QCDS"原则

连锁企业在选择供应商时，需要遵循"QCDS"原则。QCDS即质量（Quality）、成本（Cost）、交期（Delivery）和服务（Serves）。

（1）质量。从供应商处采购的物料、商品，必须保证质量过硬，这是立足市场的根本。

（2）成本。成本决定了企业的运营，成本一旦过高必然导致市场竞争力不足。

（3）交期。交期即供货商的交货速度与期限。供应商不能按照约定提供物料或产品，企业生产秩序必然被打破，产品上市速度无法得到保障，企业不能与竞争对手有效抗衡，企业成本也会增加。

（4）服务。供应商的服务，同样是重要的绩效指标。物料或产品使用的规范、遇到问题后的及时解决，这些都属于服务范畴。缺乏服务意识的供应商，往往意味着缺乏责任心，企业难以与其建立长期有效的合作关系。

2. 供应商选择

与其他企业不同的是，连锁企业的采购通常涉及大量供应商，且每个地域的供应商市场也存在不同。因此，企业很难对供应商进行统一把控，此时，连锁企业的供应商选择，就需要采取相应的策略。

（1）一线负责。

为了提高供应商选择的效率，并尽可能贴合当地市场情况，企业可将供应商选择权限下放至一线，由连锁门店店长或其他人员负责。

例如，IBM、本田和飞利浦电子等公司相继引入"公司商品团队"的概念，其职责就是负责全球范围内的战略采购，采购对象包括各种战略部件和材料，并为此寻找一流的供应商。

起初，该职责由公司专业分析人员承担，由于与供应商市场相距较远，分析结果通常也停留于理论层面，无法对供应商市场和供应商产生深入认识。因此，在后续发展中，各大公司逐渐将该职责下放至采购团队，由一线采购人员负责供应商市场的相关研究活动。

（2）供应环境分析。

针对不同的供应环境，企业应当深入分析，并制定相应的供应商选择方法。

例如，作为全球有名的连锁家居公司，宜家在全球拥有近 2000 家供应商，因地制宜成为宜家保持采购成本优势的重要措施。最初，宜家在亚太地区的中央仓库设置在马来西亚，所有亚太地区供应商的供货均需先送往马来西亚，再运送至各地区的商店。

然而，随着中国市场所占比重的不断扩大，上述措施在成本缩减方面的作用愈趋弱化，导致中国市场的产品成本较高。于是，宜家开始逐渐改变供应商管理策略：针对中国市场的重点产品，交由中国供应商生产，并直接运送至中国商店，同时由中国供应商承担周边国家或地区的产品供应。

一般而言，供应环境分析主要包含 3 个方面的要素。

① 宏观环境因素，包括政策环境、经济环境、法律环境等。

② 供应商及所处行业环境，可分为完全竞争市场、垄断竞争市场、寡头垄断市场和完全垄断市场。

③ 微观环境，即采购环节在企业内部所处的环境，包括领导及各部门的重视程度，信息技术在采购环节中的应用程度等。

6.4.3 连锁企业智能仓储物流案例

聚焦于响应实时需求的能力，除了智慧系统的合理应用之外，供应链必须充分重视客户反馈，在客户的每一次反馈中，挖掘有价值的信息，并将新的功能添加到产品当中。

正因如此，智能仓储物流在连锁企业中的应用也愈发普遍。

1. 盒马鲜生——瞄准客户需求

盒马鲜生自诞生以来，就瞄准了客户的生鲜消费需求，通过线下门店让每位客户体验到产品的新鲜。因此，与传统生鲜超市相比，盒马鲜生的就餐区占地面积甚至高达店面运营面积的 1/3。

客户在门店购买海鲜之后，就可以将海鲜送至加工档口进行加工并现场享用。

这样的消费场景为客户带来了极佳的消费体验，也让盒马鲜生赢得客户信任，继而吸引客户在线上消费，提升门店总收入。

在这样的运营模式下，"盒区房"也成为一种新的房产概念。而在其背后，则是智能仓储物流与采购的支撑。

（1）源头采购。在采购环节，盒马鲜生抛弃了传统的批发商采购模式，而是直接从源头进行采购，从而控制物流成本，并在一次直达中确保物流品质。

（2）店仓一体。将门店与仓库融为一体，是盒马鲜生的创新模式，这能够简化末端配送，也可以借助准确的数据预测，确保"30 分钟送达"的实现。

（3）SKU 简化。为了减少仓储成本，盒马鲜生始终将 SKU 控制在 4000~5000，这就需要根据消费需求进行妥善选择。

在盒马鲜生的诸多努力背后，实际上仍是以目标客户需求为核心。也是因此，盒马鲜生始终坚持只能用盒马鲜生 App 买单，为客户提供线上、线下一体化的服务体验。

2. 良品铺子——渠道整合

良品铺子作为国内休闲零食大品牌，深刻展现了全渠道战略的内涵。

经过多年的数字化创新，良品铺子的销售渠道不断拓展，包含 2100 多家线下门店，本地生活平台、电商平台、社交电商等多达 37 个线上渠道。

面对如此庞杂的渠道规模，良品铺子已经实现了真正的全渠道运营，实现了会员、产品、订单、促销、物流数据的互联互通，从而带来客户体验的全面提升。

在良品铺子的实践中，我们可以发现：全渠道战略的关键，其实并不在于渠道规模，而在于渠道整合。

有效的渠道整合，能够帮助企业降低成本、提升效率和体验，而其基础就在于渠道互通。

从 2014 年下半年开始,良品铺子就与 IBM、SAP 达成合作,以构建全新的后台系统,并以此为基础打通前、中、后台数据;与此同时,为了有效整合多个线上平台,良品铺子又在该系统内整合了 10 多个子系统。

这样一套完善的智慧系统,成为良品铺子全渠道管理的核心。良品铺子所有渠道的产品、客户、促销、物流信息都必须通过该系统进行互联。

例如,良品铺子的自动补货系统将门店的库存量设定为支撑 3 天的销售量。借助订单与库存系统的互联互通,当门店库存量低于设定值时,系统则会自动发出警报,总仓物流则会据此进行及时配货。

基于智慧系统的高效运作,良品铺子又可以更加快捷地接入新渠道,如 O2O 门店、社交电商、官方 App 等。

总结而言,良品铺子的全渠道战略为其实现了六大经营价值,即 O2O 闭环、产品创新、大数据营销、粉丝经济、品牌传播。因此,在产品、品质、服务、效率等方面,其客户体验都得到了全方位提升。

3. 7-11 连锁超市——迭代升级

7-11 是日本零售业巨头,也是全球较大的连锁便利店品牌。7-11 的成功,就在于整个供应链系统的迭代升级。

(1)7-11 供应链管理模式。

多年以来,7-11 的供应链管理模式先后经历了 4 个发展阶段。

① 批发商直送阶段:由批发商直接将货物运送至门店。

② 集约化配送阶段:通过区域划分,由特定批发商负责部分区域的货物配送并对该区域进行统一管理。

③ 共同配送中心阶段:按照区域、产品进行划分,组成共同配送中心,以实现多频次、多品种、小批量配送。

④ 细化配送阶段：对配送时间和配送种类进行细分，以确保食品的新鲜度。

（2）供应链系统。

7-11 的供应链管理模式一直处于升级当中，而这离不开供应链技术的持续迭代。

与管理模式相对应的，7-11 的供应链系统也经历了 4 次重构，其核心系统分别为：① 计算机购物系统；②POS 系统；③ 单品管理及进货系统；④ 综合信息系统。

如今，随着各类智慧系统的出现与成熟，7-11 也再次展开了开放型系统的基干更新，以实现更好的供应链整合。

在深入研究 7-11 的供应链系统迭代中，我们也能发现，每次系统迭代的背后，都是基于对企业运营课题的提取和整理。以此为前提，7-11 坚持寻找必要且可行性高的信息技术，并将二者融合，研究技术上的可行性、成本和收益，从而完成新系统的开发设计。

如果你是采购总监等管理者，本书可帮助你制定物流计划，顺应时势，做好智慧供应链运营。

如果你是基层采购人，本书可帮助你解决岗位难题，强化工作能力，做好物流相关工作。

如果你是创业者，本书可帮助你全面认知采购、供应商、物流与供应链，使你找到物流降本增效的方法，全面做好供应链运营。

分类建议：管理 / 供应链管理

人民邮电出版社网址：www.ptpress.com.cn

ISBN 978-7-115-54163-5

定价：69.80元